目録

周易古占法

[日] 海保渔村 撰

天保庚子春開彫

周易古占法

傳經書屋藏板

周易古占法題辭

周易占法唐以後幾成絶學其可考見於今者唯有左氏内外傳及杜元凱左傳注焉耳盖左氏所載周太史之遺法存焉當魏晉時師法具在是以其言實與京氏占法及鄭氏易緯注相密合及徵之唐以上史傳所記諸古人占事亦皆靡不符同深幸古義之勤存得以窺千餘年薶蘊之祕而朱子啓蒙之醇疵錯出者又得據以加之補正脩改也遂抒其所見著成是編各家失得亦併辨之至於揲法啓蒙略得是正其間一二未協於古義者時出訂正之語著成揲蓍解筮儀見于本義卷

周易古占法　題辭　一

首者傳以爲朱子然以王懋竑之篤信朱子仍斷斷辨論不以爲親筆則知其非出朱子手定也今專就儀禮經文爲之注著成問蓍儀筮儀之失不必辨也愚素有說卦攷附以九家及虞氏逸象既又以爲說卦夫人而知治之逸象則儒者或忽之若然則其於玩占能無違錯乎在治經之家寧非缺事歟今具爲采入以與海內嗜古之士共之至於如十二月卦分卦直日鄭氏爻辰固皆周秦古義先儒之所未能孤廢蓋不止裨於玩占也他諸待圖而義顯者並著成圖翼以終焉嗟夫愚嘗從錦城先生受易義時獲侍讌間又聞左傳疑誤之處

先生之學尋墜緒繼絕學其於周易用功最密常慨古周易占法之難復左傳諸筮之有所不通焉然則此區區者雖未敢言無遺誤亦庶幾先師尋墜繼絕之志也儒者或謂易不爲卜筮而作不知周公制禮易掌之於太卜夫子曰易有聖人之道四焉以卜筮者尚其占又曰君子動則觀其變而玩其占其在論語曰學易可以無大過矣謂其居而安樂而玩也夫君子行身唯寡其過之務而曷嘗可不學易哉學易曷嘗可不講卜筮哉區區用心庶幾漢儒師法之不墜而易學之不至於有體無用矣剞劂既成可以持贈同人可以望正博雅爰

書數行以弁簡首云

天保十有一年歲在上章困敦春仲南總海保元備撰

周易古占法目録

中國典籍日本注釋叢書

五經卷

11

周易古占法
周易便覽
禮記備考
禮記定說

[日]林羅山 等撰
張培華 編

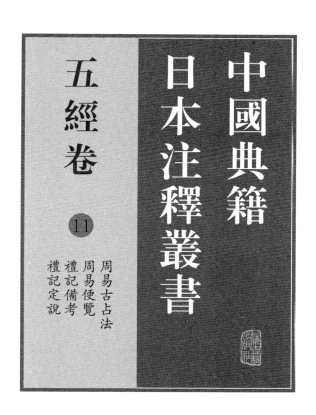

周易古占法卷第一

海保元備學

序例第一

伏羲之易有卦而已無其辭也夏商之易占象而已不占爻也至於文王始有象辭周公又作爻辭以闡伏羲無窮之精義而後九六之占始起矣蓋揲蓍布卦必觀七八九六之數九六爲變七八爲不變變不可象故卦畫七八爻效天下之動故辭稱九六有占象者有占爻者占象者夏商之法而周家因而用之占爻者文王之意而周公述而廣之其別有四焉曰六爻不變也以象

辭占曰一爻變也以爻辭占曰二爻以上變也總以彖辭占曰六爻全變也亦以彖辭占是也九六陰陽之變也故以名爻之變動而又專爲占一爻變之名七蓍數也八卦數也故因以八識卦而又專爲二爻以上變占彖之名是占法大例也是先儒古義也

鄭康成云連山歸藏占彖本其質性也周易占變者效其流動也（乾鑿度注）蓋占彖者夏商舊法故專屬之二易而實周易未嘗不占彖也占變者周家所創故專屬之周易而實周易不唯占變也

占彖者夏商之法故古人遇六爻不變往往引二易爲

占，如左傳遇蠱〔僖十五年〕，遇復〔成十六年〕是也。周因二代之舊，故於六爻不變，亦用彖爲占，如左傳遇屯〔昭七年〕是也。若夫占爻者，周家所創，二易之所無也，故左傳於占爻者，必引周易，未有引二易者，爲是也。〔陸佃云：乾鑿度曰垂皇策者羲，伏羲用蓍，則卦固已重矣。然而世質民淳，古法惟用七八，六十四卦皆不動，若乾止於乾，坤止於坤，不能變也。夏商因之，皆以七八爲占，連山、歸藏是已。後至文王，世益澆薄，占法始用九六，蓋不如此，不足應天下之變也。今易是已。案此說確核，可以證愚攷，故附記焉。〕

周易之占爻也，占一爻之變，是爻所以稱九六，是故九六者，占變之名也，亦即占一爻變之名也。何以知之？案繫曰：爻者，言乎變者也。曰辭也者，各指其所之，曰吉凶悔吝者生乎動者也曰道有變動故曰爻曰爻也者效天下之動也據此可見周易爻辭專是論變矣鄭康成云周易以變者爲占故稱九稱六易正義乾鑿度曰陽動而進變七之九陰動而退變八之六鄭注云周易占變九六爻之變動者歐陽永叔云易道占其變故以其所占者名爻據此可見九六者占變之名矣陸績云陽在初稱初九去初之二稱九二則初復七陰在初稱初六去初之二則初復八矣漢上易傳據此又可見九六者專是指一爻變之名矣且左傳所載諸筮周大史之遺法存焉其占爻也必止于一爻之變從未有遇二爻以上變而占其爻辭者及伯廖

所謂其在周易豐之離宣六年蔡墨所謂周易有之在乾之姤曰潛龍勿用及其同人其大有其夬昭二十九年皆雖不筮必據一爻變以言其義則可見周易之占爻必占一爻之變是古義也

周易唯占一爻變若二爻以上變者不可執定一義則寧舍爻而占彖仍爲七八而不變是先儒古義而唐以後古學失墜斯義不明諸儒附會之說又從而亂之則周易占法之所以沈没至今日也幸有杜元凱左傳注一綫未絶足以發千古幽祕曰易筮皆以變者占遇一爻變義異則論彖孔仲達曰易筮皆以變者爲占傳之

諸筮皆是也。若一爻獨變。則得指論此爻。遇一爻變以上。或二爻三爻皆變。則每爻義異。不知所從。則當總論彖辭。襄九年案。二君此言得之。漢經師相傳。則知周易占法。一爻獨變者。以爻辭占。二爻以上變者。總占彖辭。不占爻辭。是古義也。杜君又云。周禮大卜掌三易。然則雜用連山歸藏周易。二易皆以七八爲占。故言遇艮之八。此說案之乾鑿度曰。陽以七陰以八爲彖。鄭君云連山歸藏占彖。又云。經畫七八。七八陰陽之彖。則知所謂二易以七八爲占者。謂以彖爲占也。艮之八。史以爲艮之隨。則是艮初六九三六四六五上九俱變而之隨也。而穆姜明以隨彖爲占，杜君解之則云義異，則論義異者，謂二爻以上變也。則知周易占法，二爻以上變者，舍爻而占彖，仍謂之七八，是古義也。

爻有七八九六，以成一卦，而經以九六識爻者，爻占變也；以七八畫卦者，卦占不變也。雖以七八畫卦，而七蓍數也，八卦數也，於是又偏以八爲識卦之名。且六爻不變謂之八，其占用彖，則其常也，其易知者也，故古人於是不復言八矣。若二爻以上變，雖動而不變，其占用彖，則反其常者也，其難知者也，故專謂之八，以著其用卦而不用爻。蓋爻有動，則嫌於其占亦用爻，於是專以八爲二爻以上變占卦之名。是傳所以唯言八。而不言七也。烏虖周易以九六識爻。而又專以爲占一爻變之名。以八識卦。而又專以爲二爻以上變占卦之名。是蓋先儒相傳之古義。幸鄭杜之訓猶存。師法未墜。得用申其說。以明大義焉。豈不亦可喜乎。

杜氏注左傳。確有所受。此條謂二易以七八爲占。亦賈逵鄭衆先儒相傳云爾。見正義。宜乎其與康成之言。互相發揮。足以證明古占法之微也。且如左傳此條。及國語泰之八。貞屯悔豫皆八。古今之所聚訟者。得杜氏此注。皆迎刃而解。豈不亦愉快乎。漢晉名儒之言。可貴如此。

周易唯占一爻變。彖之繫文。固亦瞭若指掌。曰。吉凶者。貞勝者也。天地之道。貞觀者也。日月之道。貞明者也。天下之動。貞夫一者也。愚謂此可以蔽周易占法矣。蓋一者。一爻也。謂變動之一爻也。貞者定也。言天下之動。有萬不同。而凡皆决定之於一爻之辭也。何以知一之爲一爻。爲變動之爻。曰。繫曰。聖人有以見天下之動。繫辭焉以斷其吉凶。是故謂之爻。又曰。鼓天下之動者存乎辭。又曰。吉凶悔吝者。生乎動者也。又曰。爻也者。效天下之動者也。是故吉凶生而悔吝著也。又曰。道有變動。故曰爻文不當故吉凶生焉。据此繫凡曰動曰吉凶者皆論爻之詞。是繫文恆例。此條亦曰吉凶曰動相對爲言。其爲論爻也明矣。然則所謂一者非指一爻而何。繫之論爻必以變動言。經之識爻必以九六稱。九六者指一爻變之名也。然則所謂一爻者非變動之一爻而何。故曰周易之占爻謂占一爻之變豈不更明白乎。愚嘗從錦城先生受易義。先生謂繫辭一字當作一爻講。當時既服其明快。今推演其說如此。蓋古占法之微。先生既發明之。惜不得聞其詳也。

占變爻者周家所創。故繫辭此條亦主爻立言。雖然占變爻者止于一爻之變。其餘六爻不變。六爻皆變。及二爻以上變。總占彖辭。則文以爻爲主。而亦包彖在中。蓋彖綜一卦之義。爻各論其別。雖所指不同。而其所以用以爲占。其致一也。是故占法唯有占彖占爻二者。占彖則以彖爲主。占爻則以爻爲主。以彖爲主。則不敢以爻義參之。以爻爲主。則又不敢以彖辭亂之。各自爲主。故曰貞夫一。否則彼此溷淆。一吉一凶。其可以爲占乎。夫子此語。蓋謂以天下之動。決之於或彖或爻之一辭。占者不宜以彼參此。是所以不言爻而言一也。及二爻以上變。每爻義異。則寧決之一彖之辭。王弼所謂靜能制動之義。是亦所以不言爻而言一也。乾鑿度曰。陽動而進陰動而退故陽以七陰以八爲彖易一陰一陽合而爲十五之謂道陽變七之九陰變八之六亦合於十五則彖變之數若一也（各本若下有之字今据玉海三引刪）然則占彖占爻截然有別而實則其致一也其數一也是亦所以不言爻而言一也聖言神妙有玩味不可得盡者焉然則周易占爻止于一爻之變餘皆占彖豈不益明白乎故曰可以蔽周易古占法矣

夫子所謂一者謂一爻吉凶宜定於一爻之辭京君明旣言之矣但京以爲一爻即成卦之主其言云衆陰而宗於一一陽得其貞正也九二貞正能爲衆之主（師傳云）

陰道將復以陽爲主一陽居尊羣陰宗之六爻交分吉凶定矣比傳云陽多陰少宗少爲貴易云眇能視跛能履吉凶取此文爲準履傳云定吉凶只取一爻之象陸績注云多以少爲主姤傳是也王輔嗣從之又以爲所謂主爻可舉彖以明也其言云象者統論一卦之體明其所由之主也夫衆不能治衆治衆者至寡者也夫動不能制動制天下之動者貞夫一者也故六爻相錯可舉一以明也剛柔相乘可立主以定也故舉卦之名義有主矣觀其彖辭則思過半矣畧例是也今案周易以變爻爲占有左傳諸筮可徵焉未有由成卦之主以爲占者而二

家置動爻不論失之矣雖然賴其言得以知一之爲一爻吉凶之定於一爻則漢説之所以爲可貴也且夫子此語專是論爻故二家以主爻爲言据王所言則知亦包彖在中也觀其所謂動不能制動制天下之動者貞夫一亦可以悟二爻以上變占彖之旨矣然則其説實與鄭杜發確傳經義烏可不寶貴哉

愚此説實數十年閉戶伏讀所得編錄以藏篋衍久矣後讀惠定宇周易述及易例其述京易有曰爻之動一則正兩則惑故天下之動貞夫一者也京氏筮法第六爻爲宗廟縱動不變其餘一爻動則變亂動則不變一

爻變者爲九六。二爻以上變者爲八。有曰繫辭所謂一者。謂所動之一爻。左傳所謂八者。謂二爻以上變。皆與愚說冥契矣。因嘆鄭杜之義。實與京易相密合。又嘆惠遂於漢學。能發明古義。如此竊幸有所徵。而鄙見之不孤。亟爲表出之。惜其語焉不詳。未足以省悟後人。且其意以爲唯京易有此說。曾不思鄭杜之義。固既如此。不止京氏一人也。然則愚此編。亦未始不足補惠說之不備云。

或疑以八爲識卦之名。唯惠棟有此說。不足爲據。此蓋不然。案熊朋來曰。七八皆不變爻。何以罕言七。而專言八曰七七蓍數也八八卦數也〔經說〕錢曉徵曰惠氏說蓋本於此〔潛研堂集易答問〕愚謂此說不自熊氏始案崔憬曰蓍之數七七四十九象陽圓其爲用也變通不定因之以知來物是蓍之德圓而神也卦之數八八六十四象陰方其爲用也爻位有分因之以藏往知事是卦之德方以知也〔集解〕又曰六十四卦既法長陰八八之數故四十九蓍則法長陽七七之數蓍圓而神象天卦方而智象地陰陽之別也〔全上〕僧一行大衍曆議曰蓍以七備卦以八周〔唐書曆志〕邵子曰蓍德圓以況天數故七七四十九卦德方以況地數故八八六十四〔玉海三十六〕此蓋熊說所出

而惠氏所本也。又考李光地等周易折中曰。內外傳言得八者三。一曰。艮之八。爲艮之隨。則五爻變者也。諸儒以八爲不動之爻。攷之文意。似未符協。蓋三占者雖變數不同。然皆無專動之爻。則其爲用卦一也。卦以八成故以八識卦。猶之爻以九六成。則以九六識爻云爾。此蓋爲惠說先鞭矣。熙朝新語載李光地承旨纂修周易折中諸書。自言晚年學問始進。得力於聖訓爲多。据此又安知此說不自康熙帝發之乎。

京氏以第六爻爲宗廟。謂縱動不變。案乾鑿度曰。初爲元士。二爲大夫。三爲三公。四爲諸侯。五爲天子。上爲宗廟。鄭注云、宗廟人道之終。(後漢書朗顗傳曰、正月三日至乎九日、三公卦也。注、凡卦法、一爲元士、二爲大夫、三爲三公、四爲諸侯、五爲王、六爲宗廟。案荀慈明九家皆用此說。)盖以爻位言。豈上爻不變之謂乎。繫曰、六爻之動、三極之道也。曰、變動不居、周流六虛。曰、六爻之義易以貢。左傳論上爻變者三。一歸妹之睽。(僖十五年)歸妹上六之變也。一豐之離。(宣六年)豐上六之變也。一乾之夬。(昭二十九年)乾上九之變也。由此觀之、上爻不變之說、不足據矣。(案上爻不變、迻於四、曰遊魂。本體復於下、曰歸魂。此京氏易傳之說、非可通於周易也。)張行成曰、火珠林之用、祖於京房。(包數總義)朱子曰、火珠林猶是漢人遺法。(語類)項平甫曰、以京房易考之、世所傳火珠林。即其遺法。胡一桂筮法變說案今火珠林。非宋本之舊。詳見余火珠林跋。然其中有謂獨發易取。亂動難尋。所謂獨發者。謂一爻變也。亂動者。謂二爻以上變也。有謂亂動之卦。只取主爻。亦與京王說合。豈所謂漢人遺法者。猶有存什一於千百者歟。今人或併亂動之目亦不知之。無怪於古占法之沈晦不明也。

漢書儒林傳。劉向校書考易說。以爲諸易家說大誼略同。惟京氏爲異。案世所傳易傳有納甲世應游魂歸魂等諸例。絕不附合於易義者矣。雖然。如以一爲一爻。二爻以上變爲八。緒言餘論。仍能確傳經義。可貴如此。學者烏可不紬繹推闡之乎。蓋京氏本有易章句，見釋文集解所引者，往往與易傳大異。知所謂積算法者，殆以易說災異之書，始非京氏所以爲易也。（說本張皋文易義別錄。）矧易傳又非足本，（說見王鳴盛十七史商榷。）未足以見京易之全，此爲可惜已。（朱震曰：孟喜、京房之學，其書槩見於一行所集，大要皆自子夏傳所出。）

先儒又有以八爲少陰不變之爻者，其說始見賈公彥周禮大卜疏引左傳注。（余仲林古經解鉤沈云：失名。惠定宇左傳補注引爲服虔。）云：爻在初六、九三、六四、六五、上九，惟六二不變。連山、歸藏之占，以不變爲主。（玉海卷三十五引主作正。卷三十六云：卦雖不易，而中有變易，是之謂爻。爻雖變易，而中有不易，是之謂正。）是也。而韋昭注貞屯悔豫皆八，亦謂八。謂震兩陰爻。注泰之八。謂泰三至五震爲族陰爻不動。其數皆八。孔仲達解此條。亦謂艮之第二爻不變者是八。連山歸藏。以不變爲占。占七八之爻。二易並亾。不知實然以否。殊不知連山歸藏占彖。七八之爲彖。易緯鄭注。並有明文。傳所謂八。杜所謂二易以七八爲占者謂以彖爲占。非指不變爻也。然自先儒有此一說。而學者唯知八之爲少陰爻。故劉夢得稱董生之說。亦謂變者五。定者一。宜從少占。程沙隨朱晦庵謂艮之八。宜占艮六二爻。啟蒙遂創五爻變者占一不變爻之例。而陸粲傅遜顧炎武諸家皆附和其說。反譏杜爲誤。曾不思

杜義密契古訓確不可易也嗟使武庫有知寧不啞然
地下乎
韋昭以得泰之八爲遇泰無動爻然則貞屯悔豫皆八
是得兩卦無動爻也不知果無動爻何以專稱震震又
何以專指兩陰爻是義之不可通者矣而沈存中誤襲
其說亦以八爲六爻不變夢溪筆談不考之甚程迥朱熹以
爲艮六二之占爲不吉故史妄引隨象諸家多從之不
知史之對果妄乎以穆姜之辨何有一言不斥之乎況
二易占彖而不占爻周易占爻占一爻之變未有占不
變爻者乎其不足信也審矣顧炎武謂用九用六用其

變也。亦有用七用八時。他爻變而一爻獨不變。則謂之七八。日知錄是亦以八爲不變爻。朱子所謂五爻變則占一不變爻之說也。不知爻有七八九六。以成一卦。而聖人又以此分屬蓍卦爻。爻占變故以九六名蓍陽故七。卦陰故八。從未有以八目爻者也。學海堂集載林伯桐日知錄跋亦辨顧說之誤可并攷焉惠棟依乾鑿度及鄭注。以艮之八泰之八爲占彖。又知二爻以上變稱八。是也。又引服虔以貞屯悔豫皆八。爲占不變。何耶。不知二說者互不相容。不啻冰炭。烏得牽混乎。蕙惠過尊漢說。欲茲存兩義。自爲騎牆之見。不可信也。

錢曉徵曰：問春秋內外傳占筮之法。曰：春秋之世，三易尚存，其以周易占者，一爻變則以變爻辭占，如觀之否、歸妹之睽、明夷之謙之類是也；數爻變則以彖辭占，如艮之八、貞屯悔豫皆八是也；六爻皆不變亦以彖辭占，泰之八是也。以爻辭占稱九六，以彖辭占稱八。九六八之名惟周易有之，若雜以它占則否。千乘三去，射其元王，不云蠱之八、復之八者，非周易繇詞也。（易問荅）案錢氏謂周易一爻變則以變爻辭占，數爻變則以彖辭占，以艮之八、貞屯悔豫皆八爲數爻變，蓋本諸惠棟。（錢集有惠棟傳，可并攷焉。）是也。又謂六爻不變亦以彖辭占，以泰之八當之。

則襲韋昭沈括之誤、不可從矣。不知古人於六爻不變
未嘗言八。觀衛孔成子以周易筮之遇屯、而不云屯之
八、可爲明證。謂九六八之名、惟周易有之、尤非也。不知
果然、則遇屯明是以周易筮之、而何以不言八也。況二
易以七八爲占、是先儒古義、則又烏得云惟周易有之
乎。
段若膺注說文、六、易之數、陰變於六、正於八、曰此謂六
爲陰之變、八爲陰之正也。與下文言七九一例、六爲陰
之變、九爲陽之變、聖人以九六繫爻、而不以七八、金氏
榜曰、乾鑿度謂七八爲彖、九六爲變、故彖占七八、爻占

九六一爻變者，以變爻占，是爻占九六也。六爻皆不變
及變兩爻以上者，占之彖辭，是彖占七八也。公子重耳
筮得貞屯悔豫皆八，董因筮得泰之八，穆姜筮得艮之
八，凡陰不變者爲八也。又曰易用九不用七，亦用變不
用正也。然則凡筮陽不變者當爲七。但左傳國語未之
見。案此說謂一爻變者，以變爻占，餘皆占彖，是也。而其
解七八，蓋以爲變兩爻以上，而陰爻獨不變則爲八，陽
爻獨不變則爲七，非也。不知果然，則其占既用彖，何復
目之以七八之爻？至於傳唯言八不言七，最足以證古
人以八爲識卦之名，而烏得謂偶然無之乎？且傳諸言

某卦之某之字皆訓變。如二家之言，則艮之八、泰之八之字爲語辭，亦與傳之語例左。又況乾鑿度所謂陽以七、陰以八爲彖者，謂卦畫七八也，非謂彖占七八之爻也。此其不足据也審矣。

徐養原筮說曰：筮法，六爻不變謂之八，其占用本卦彖辭。故董因得泰之八，曰：是謂天地配亨，小往大來。然則遇艮之八，當占艮之彖辭。其繇曰：艮其背，不獲其身，行其庭，不見其人。姜之不出審矣。而史曰：是謂艮之隨。姜又以隨之彖辭占之。人但知艮之隨不當占隨之彖辭，不知艮之八非艮之隨，史言妄耳。皇清經解千三百八十五 案以八爲六爻不變。及以史言爲妄。皆襲先儒之陋。不足据矣。又引繫辭陽卦多陰。陰卦多陽。以爲此非獨三畫卦然也。即六畫卦。亦莫不然。遇陽卦而六爻不變。則謂之八。遇陰卦而六爻不變。則謂之七。艮屯豫三卦。皆陽卦也。故曰八。尤非也。不知繫辭又曰。陽一君而二民。陰二君而一民。則所謂陽卦陰卦。本唯以三畫卦言。烏得云六畫卦亦有此義乎。況乾鑿度明言陽以七陰以八爲彖。而徐氏乃欲以七名陰卦。以八名陽卦。豈不顛倒錯戾之甚乎。又引朱子卦變圖爲證。而不知卦變圖爲妄作。不足据也。既以泰之八。艮之八。爲六爻不變。而因以遇蠱遇復不言八爲省文某卦之某之字不可通則因以之字爲語辭然其於乾之姤則謂變字可省而之字不可省是之字又將不得爲語辭可乎其不足據亦甚明矣

繫辭曰辭也者各指其所之是之字訓變之明證故賈逵注觀之否云觀爻在六四變而之否史記陳世家注注屯之比云屯初九變之比晉世家注又洪邁容齋三筆孫奕示兒編亦皆辨之字宜訓變蓋不可易也

朱子誤解繫文以一爲一理而周易占一爻變之義晦矣錯會左氏言八之義而二爻以上變占彖辭之旨隱

矣及其所創二爻變占某三爻四爻五爻變占某諸例皆肊說不足信者矣自餘諸家除李光地惠棟之外蓋未有能知八之爲識卦之名爲二爻以上變占卦之名者則說愈巧而義愈不通矣夫揲蓍布卦必觀七八九六七蓍數也卦之未成者八卦數也卦之既成者於是專以八識卦而又專爲二爻以上變占卦之名九六陰陽之變也於是以九六識變動之爻而又專爲占一爻變之名是聖人所以以七（陽蓍）八（陰卦）九（陽爻）六（陰爻）分屬蓍卦爻也惜唐以後古學失墜其說愈繁而其義愈晦昔蘊洵有言曰易之道深矣汩而不明者諸儒以附會之說

亂之也。去之。則聖人之旨見矣。東都事畧儒學傳 愚著此編。蓋僅知奉漢唐古義耳。豈敢自以爲得聖人之旨乎。然而於諸儒附會之說。將務去之。以歸至當。則各家失得。又烏可黙而已哉。

周易古占法卷第一終　受業江都高士貞校字

周易古占法卷第二

海保元備學

六爻不變例第二

六爻皆不變則其占用彖辭案左傳衛孔成子欲立公子元以周易筮之遇屯以示史朝史朝曰元亨又何疑焉且其繇曰利建侯昭七年此屯六爻皆不變也屯彖曰屯元亨利建侯是史朝所據則六爻不變其占用彖此其明證故程可久朱元晦皆嘗引之以爲周易占彖之證良是程可久曰古之筮者兼用三易之法衛元之筮遇屯曰利建侯是周易或以不變者占

左傳秦伯伐晉卜徒父筮之吉其卦遇蠱曰千乘三去

三去之餘獲其雄狐夫狐蠱必其君也蠱之貞風也其悔山也歲云秋矣我落其實而取其材所以克也實落材亡不敗何待（僖十五年）又曰晉侯將與楚戰筮之史曰吉其卦遇復曰南國蹙射其元王中厥目國蹙王傷不敗何待（成十六年）按此皆用夏商之易故不言周易而其占況論卦之體象則可見二易以象爲占矣蓋占象者二易之舊法故古人遇六爻不變往往引用之爾而杜元凱注遇蠱云於周易利涉大川往有事也亦秦勝晉之卦也則可見周易於六爻不變亦以象爲占故杜言如此也

不變者占象。故鄭君云。彖文之不變動者。占彖者觀其不變之體而爲占。故鄭君云。占彖。本其質性也。

占彖。以內卦爲貞。以外卦爲悔。蓋亦夏商舊法。而周家因而用之。案洪範曰。曰貞曰悔。二衍貣。鄭康成云。二衍貣。謂貞悔也。內卦曰貞。貞。正也。外卦爲悔。悔之言晦也。晦猶終也。卦象多變。故言衍貣。史記宋世家 左傳。蠱之貞風也。其悔山也。杜元凱云。內卦爲貞。外卦爲悔。洪範。箕子陳夏禹之法。左傳此條。用夏商之易。則知占貞悔者。二代之法也。晉語。得貞屯悔豫。皆八。司空季子引周易論之。則知周易占彖。亦論貞悔也。胡炳文本義通釋曰。乾上九。外卦之終。曰有悔。

坤六三內卦之終曰可貞貞悔二字豈非諸卦之凡例歟說文曰𠧧易卦之上體也蓋通三易而言後儒誤解晉語乃有本卦爲貞變卦爲悔之說非古義也

左傳正義曰凡筮者先爲其內後爲其外內卦爲己身外卦爲他人故筮者巽爲秦象艮爲晉象（僖十五年）史記正義曰內卦爲中國外卦爲異國又曰內卦爲身外卦爲子孫變在外故知在子孫也（陳世家）唐六典曰凡內卦爲貞朝占用之外卦爲悔暮占用之（太常寺注）此皆古人占內外卦之例

呂氏春秋壹行篇曰孔子卜得賁孔子曰不吉子貢曰

夫賁亦好矣，何謂不吉乎。孔子曰：夫白而白，黑而黑，夫賁又何好乎。高誘注曰：賁，色不純也。案說苑反質篇、家語好生篇載之，以爲孔子語子張。

北堂書鈔百三十七引韓詩外傳曰：孔子使子貢，爲其不來，孔子占之，遇鼎，謂弟子曰：占之遇鼎，皆言無足而不來。顏回掩口而笑，孔子曰：回也何哂乎。曰：回謂賜必來。孔子曰：何如也。回對曰：乘舟而來矣。賜果至矣。案今本外傳無此文。初學記二十引衛波傳曰：孔子使子貢往外而未來，謂弟子占之，遇鼎，皆言無下足不來。顏子掩口而笑曰：無足者乘舟而來，賜至矣。清朝也，子貢果朝至。藝文類聚七十一、御覽七百二十八引衛波傳略同。論衡卜筮篇所紀亦相類，但論衡以爲鼎折足，則謂鼎九四爻變也，載見一爻變例。

穆天子傳曰。天子筮獵苹澤。其卦遇訟。逢公占之。曰。藪澤蒼蒼。其宜正公。戎事則從。

漢書王莽傳曰。太后聽公卿采莽女。有詔遣大司徒大司空。策告宗廟。雜加卜筮。皆曰。兆遇金水王相。卦遇父母得位。所謂康強之占。逢吉之符也。張晏曰。遇父母。謂泰卦乾下坤上。天下於地。是配亨之卦。

三國志魏書董卓傳注引魏書曰。輔（卓女壻牛輔）見客。先使相者相之。知有反氣與不。又筮知吉凶。然後乃見之。中郎將董越來就輔。輔使筮之。得兌下離上。（睽）筮者曰。火勝金。外謀內之卦也。即時殺越。

三國志魏書鄧艾傳曰初艾當伐蜀夢坐山上而有流水以問殄虜護軍爰邵邵曰按易卦山上有水曰蹇蹇繇曰蹇利西南不利東北孔子曰蹇利西南往有功也不利東北其道窮也往必克蜀殆不還乎艾憮然不樂

北魏書任城王澄傳曰高祖外示南討意在謀遷齋於明堂左个詔太常卿王諶親令龜卜易筮南伐之事其兆遇革高祖曰此是湯武革命順天應人之卦也

北齊書方伎趙輔和傳曰輔和清都人少以明易善筮爲館客高祖崩於晉陽葬有日矣世宗書令顯祖親卜宅兆相於鄴西北漳水北原顯祖與吳遵世擇地頻卜

不吉。又至一所。命遵世筮之遇革。遵世等數十人咸云。不可用。輔和少年在衆人之後。進云革卦於天下人皆凶。唯王家用之大吉。革彖辭云湯武革命應天順民。顯祖遽登車云。卽以此地爲定。卽義平陵也。有一人父疾。是人詣館別託相知者筮之遇泰。筮者云此卦甚吉。疾愈。是人喜出後輔和謂筮者云。泰卦乾下坤上。然則父入土矣。豈得言吉。果凶聞至。北史藝術傳同。

南史梁武帝紀曰。中大同元年同泰寺災。帝召太史令虞履筮之遇巛。履曰。無害其由云西南得朋。東北喪朋。安貞吉。文言云東北喪朋。乃終有慶。

南史張嵊傳曰。嵊起家祕書郎。累遷鎮南湘東王長史。尋陽太守。王暇日玄言。因爲之筮。得節卦。謂嵊曰。卿後當東入爲郡。恐不得終其天年。嵊曰。貴得其所耳。

唐書李綱傳曰。綱在隋官不進。筮之。得鼎。筮人曰。君當爲卿輔。然得易姓乃如志。仕不知退。折足爲敗。綱雖顯於唐。數稱疾辭位云。

五代史馬重績傳曰。晉高祖以大原拒命。廢帝遣兵圍之。勢甚危急。命重績筮之。遇同人。曰。天火之象。乾健而離明。健者。君之德也。明者。南面而嚮之。所以治天下也。同人者。人所同也。必有同我者焉。易曰。戰乎乾。乾。西北也。又曰。相見乎離。離。南方也。其同我者自北南乎。乾。西北也。戰而勝。其九月十月之交乎。是歲九月。契丹助晉擊敗唐軍。晉遂有天下。案此事薛史不載。

案據以上諸例。知古人遇六爻不變。皆汎論卦辭卦體。不占爻義。明甚。唯郭璞注穆傳。以訟繇爲爻辭。則失之矣。

一爻變例第三

一爻變。則以本卦變爻辭占。案左傳觀之否。曰是謂觀國之光。利用賓于王。莊二十二年此觀六四爻辭也。歸妹之暌。曰士刲羊。亦無衁也。女承筐。亦無貺也。僖十五年此歸妹

上六爻辭也。大有之睽曰。公用亨于天子。僖二十五年 此大
有九三爻辭也。師之臨曰。師出以律。否臧凶。宣十二年 此師
初六爻辭也。困之大過曰。困于石。據于蒺藜。入于其宮。
不見其妻。凶。襄二十五年 此困六三爻辭也。復之頤曰。迷復。
凶。襄二十八年 此復上六爻辭也。明夷之謙曰。明夷于飛。垂
其翼。君子于行。三日不食。有攸往。主人有言。昭五年 此明
夷初九爻辭也。坤之比曰。黃裳元吉。昭十二年 此坤六五爻
辭也。泰之需曰。祉祿也。若帝乙之元子。歸妹而有吉祿。
哀九年 此據泰六五爻辭也。是皆一爻變占本卦變爻辭
之明證。又伯廖曰。其在周易豐之離。曰弗過之矣。間一

歲。鄭人殺之。（宣六年）此據豐上六。三歲不覿凶之辭也。蔡墨曰。乾之姤曰。潛龍勿用。其同人曰。見龍在田。其大有曰。飛龍在天。其夬曰。亢龍有悔。坤之剝曰。龍戰于野。（昭二十九年）此皆雖不筮。必據本卦變爻之辭。以言其義。則可見一爻變者。以本卦變爻之辭占。是古義也。

一爻變。雖占本卦變爻之辭。而亦兼論後卦。劉炫以爲不取後卦之義。孔仲達辨之曰。屯之比云。屯固比入。歸妹之睽云。歸妹睽孤。寇張之弧。睽之上九爻辭。又云。歸妹之睽。猶無相也。明夷之謙云。明夷于飛。垂其翼。又云謙不足。飛不翔。此之等類。皆取前後二卦。以占吉凶。今人之筮亦皆如此。故賈、服及杜皆同焉。劉炫苟異前儒，好爲別見，以規杜氏，非也。（莊二十二年正義）此說允當。朱子知一爻變占本卦變爻之辭是也，而不言兼取後卦，則是直廢漢經師之古義，而從劉炫之偏見也，無乃不可乎。

胡一桂曰：啟蒙謂一爻變，則以本卦變爻辭占。其下引畢萬所筮，以今觀之，未嘗不取之卦，且不特論一爻，兼取貞悔卦體，似可爲占者法也。觀陳宣公筮公子完之生，尤可見矣。

古人占法兼取後卦，不唯孔疏所舉諸條。如觀之否曰：「乾，天也；風爲天」，曰「照之以天光」，曰「奉之以玉帛，天地之美具焉」。大有之乾曰：「同復于父，敬如君所。」大有之睽曰：「天爲澤以當日，天子降心以逆公。」師之臨曰：「衆散爲弱川壅爲澤盈而以竭夭且不整曰不行之謂臨有帥而不從臨孰甚焉困之大過曰夫從風風隕妻坤之比曰外彊内温忠也和以率貞信也据此可見一爻變者雖占本卦變爻辭而亦兼取後卦以廣其占是古義也左傳所載又有單論本卦變爻辭而絶不及後卦者如復之頤屯之比泰之需是也盖義既備於本卦則不必泛論後卦所主在占本卦變爻也

占一爻變以本卦變爻之辭爲主故至於其取義雖兼論後卦而凡皆取其義之合於本卦變爻之辭者其不合者概乎置之不論不敢以客象紊主意不敢引旁義

失本旨也、是古人占例、所以有或論後卦、或不論後卦之別也、不然、則卦象萬變、吉轉爲凶、凶反爲吉、是可以爲占乎、今舉其一二、左傳、復之頤曰、迷復、凶、子大叔據以論楚子之將死、若必論後卦乎、頤之上九曰、由頤、厲吉、利涉大川、象曰、由頤厲吉、大有慶也、是其爲吉占、必矣、其不可援以論復上六之義明矣、則概乎舍而不取、又案之彖辭、復曰、復亨、出入无疾、朋來无咎、反復其道七日來復、利有攸往、頤曰、頤貞吉、觀頤自求口實、亦知其爲吉占矣、其絶不合於迷復之義審矣、則亦舍而不取、可知占一爻變、必以本卦變爻辭爲主、其不附於爻義者雖有他象不復牽合矣師之臨曰師出以律否臧凶是與臨初九之咸臨貞吉毫不相蒙則臨之爻辭舍而不取曰川壅爲澤且律竭也盈而以竭夭且不整不行之謂臨凡皆取其義之合於本卦變爻者其不合者則舍而不取明夷之謙曰明夷于飛垂其翼君子于行三日不食有攸往主人有言卜楚丘據以斷穆子之卒以餒死則謙初六之謙謙君子用涉大川吉者絕不相蒙則亦舍而不取其論謙也只取卑退一義曰明夷之謙明而未融曰謙不足飛不翔凡皆取其義之合於本卦變爻之辭者也他如大有之睽占大有九三公用亨

于天子之辭。則睽之爻辭卦義皆在所不論。觀之否。占觀六四爻之辭。則否之爻辭卦義皆在所不論。歸妹之睽。占歸妹上六爻之辭。則唯取睽上九寇張之弧之一義。其往遇雨則吉之文。不可附合於歸妹爻辭。則亦舍而不取。由此諸例而推。可知古人占一爻變。必取其合於本卦變爻之辭者。其不合者。概乎置之不問。此主客之辨也。抑又由此推之。又可知占彖一以彖辭爲主。不敢以爻義參之也。能了斯義。則於占筮之道。觸處洞然。

論衡卜筮篇曰。魯將伐越。筮之得鼎折足。子貢占之以爲凶。何則鼎而折足。行用足。故謂之凶。孔子占之以爲

吉曰越人水居行用舟不用足故謂之吉魯伐越果克之

漢書西域傳曰正和中上廼下詔曰易之卦得大過爻在九五匈奴困敗孟康曰其繇曰枯楊生華何可久也謂匈奴破不久也

後漢書順烈梁皇后紀曰永建三年與姑俱選入掖庭時年十三相工茅通見后驚再拜賀曰此所謂日角偃月相之極貴臣所未嘗見也大史卜兆得壽房又筮得坤之比遂以爲貴人注曰易坤卦六五爻變而之比九五象曰顯比之吉位正中也九五居得其位下應於上

故吉。

三國志吳書虞翻傳曰：關羽既敗，權使翻筮之，得兌下坎上節，五爻變之臨。翻曰：不出二日，必當斷頭。果如翻言。權曰：卿不及伏羲，可與東方朔爲比矣。

晉書許邁傳曰：邁少恬靜，不慕仕進，未弱冠，嘗造郭璞。璞爲之筮，遇泰之上六爻發。璞謂曰：君元吉自天，宜學升遐之道。時南海太守鮑靚隱迹潛遁，人莫知之。邁乃往候之，探其至要。

北齊書清河王岳傳曰：初岳家于洛邑，高祖每奉使入洛，必止于岳舍。岳母山氏嘗夜起，見高祖室中有光，密往覘之。乃無燈。即移高祖于別室。如前所見。怪其神異。詣卜者筮之。遇乾之大有。占之曰。吉。易稱飛龍在天。大人造也。飛龍九五。大人之卦。貴不可言。

北齊書方伎吳遵世傳曰。魏武帝之將即位也。使遵世筮之。遇明夷之賁。曰。初登于天。後入于地。帝曰。何謂也。遵世曰。初登于天。當作天子。後入于地。不得久也。終如其言。北史曰。初登於天。後入於地。若能敬始慎終。不失法度。無憂入地矣。終如其言。

北史藝術吳遵世傳曰。魏孝武帝之將即位。使之筮。遇否之萃。曰。先否後喜。帝曰。喜在何時。遵世曰。剛決柔。則春末夏初也。此條北齊書不載。

梁書處士阮孝緒傳曰時有善筮者張有道謂孝緒曰見子隱跡而心難明自非考之龜蓍無以驗也及布卦既構五爻曰此將爲咸應感之法非嘉遯之兆孝緒曰安知後爻不爲上九果成遯卦有道歎曰此謂肥遯無不利象實應德心迹并也孝緒曰雖獲遯卦而上九爻不發升遐之道便當高謝乃著高隱傳上自炎黃終于天監之末斟酌分爲三品凡若干卷

唐書隱逸陸羽傳曰陸羽字鴻漸一名疾字季疵不知所生或言有僧得諸水濱畜之既長以易自筮得蹇之漸曰鴻漸于陸其羽可用爲儀乃以陸爲氏名而字之

案據以上諸例，可見一爻變者，占本卦變爻之辭，更爲顯明矣。若後漢書坤之比，是占坤六五黄裳元吉之辭，而注唯引比爻辭，失之矣。陸羽之筮，意在擇佳名，所以唯取漸，然而據此，亦可見占法兼取後卦，是古義也。

二爻以上變例第四

二爻以上變者，總占彖辭，仍謂之八，以著其用卦而不用爻。何以知之？案左傳穆姜始往東宮而筮之，遇艮之八。史曰：是謂艮之隨。隨其出也，君必速出。姜曰：亡，是於周易曰：隨元亨利貞无咎。有四德者，隨而無咎，我皆無之。豈隨也哉。我則取惡。能無咎乎。必死於此。弗得出矣。襄九年曰艮之八。史以爲艮之隨。是艮初六九三六四六五上九俱變而之隨也。而史乃引隨彖論之。杜君亦謂義異則論彖。可見二爻以上亂動者。雖動而不變。總占彖辭。仍謂之八。八者識卦之名。又二爻以上變占卦之名。是古義也。蓋爻本有動。所以言之。雖動而不變。所以言八。然則史不引艮彖何也。曰艮彖曰。艮其背。不獲其身。行其庭。不見其人。彖傳曰。艮。止也。止其所也。又艮爲鬼門。爲宗廟。是姜氏之必死於此。不得出也審矣。史不引之者。爲姜氏諱耳。姜氏亦知已之不當隨義。故謂有四德者隨而無咎又謂必死於此弗得出矣蓋專主艮爲言乃知艮之八是艮亂動而之隨也亂動者雖占二卦之彖亦宜以本卦爲主不宜獨論變卦是古義也二爻以上變者雖動而不變則其占彖也亦有單論本卦而絶不及後卦者案國語晉董因迎文公於河公問焉曰吾其濟乎對曰臣筮之得泰之八曰是謂天地配亨小往大來今及之矣何不濟之有晉語曰泰之八是泰二爻以上變也泰象曰天地交泰彖曰泰小往大來吉亨是董因所據也乃知義既備於本卦則不必泛然論後卦及其爲幾爻之變與其爲變而之某卦皆不必問

概謂之八，以著其占卦而不占爻也。若兼論後卦，則亦或著卦名，如以艮之八爲艮之隨，及乾之否是也。是古義也。

國語：晉公子親筮之，曰：「尚有晉國。」得貞屯悔豫，皆八也。筮史占之，皆曰：「不吉，閉而不通，爻無爲也。」司空季子曰：「吉。是在易，皆利建侯。車有震，武也；衆而順，文也。文武具，厚之至也。故曰屯，其繇曰：『元亨利貞，勿用有攸往，利建侯。』坤，母也；震，長男也。母老子彊，故曰豫，其繇曰：『利建侯行師。』居樂出威之謂也。是二者，得國之卦也。」（晉語）案：貞屯悔豫皆八，是再筮得此兩卦，而皆遇二爻以上變也。故曰皆八也。二爻以上變者，雖動而不變，故曰爻無爲也。司空季子明引二彖，則可見亂動者。總占彖辭，最爲明白。又可見亂動者，雖動而不變，則或唯言八，不必言之也。

韋昭云：八，謂震兩陰爻。震在屯爲貞，在豫爲悔，皆不動。故曰皆八。案，傳以貞悔屬屯豫，而韋昭就震之一卦言之，非也。況震主在初，而專指兩陰爻，於義不安。又況傳況論二卦之彖，未嘗專占震乎。劉禹錫辨易九六論曰：董生述畢中和之語云：坎二世而爲屯，屯六二爲世爻；震一世而爲豫，豫之初爲世爻。屯之二，豫之初，皆少陰不變故謂之八案此亦本諸韋氏又世爻之說始見京房易傳絕不附合於經義者矣王伯厚困學紀聞曰京氏易積算法引孔子云易有四易一世二世爲地易三世四世爲人易五世六世爲天易遊魂歸魂爲鬼易此占候之學決非孔子之言也沙隨程氏曰屯之豫初與四五凡三爻變初與五用九變四用六變其數不純其不變者二三上在屯爲八在豫亦八故舉其純者而言皆八案宋史載程迥易章句十卷外編一卷占法古易考一卷今存占法一卷外編一卷朱子啟蒙依之果然則若遇二爻以上變而其不變者陰陽相錯則將以七八目之歟抑別有所命名乎艮之八亦第二爻不變而不云貞艮悔隨皆八是又何義也趙汝楳易雅亦嘗疑之知其說有所不通矣

惠棟以爲屯初九六四九五爻變而之豫。案沈大成學福齋集有答徐雅宜論易七八義亦與惠說同。此亦不然。不知果然。則是與乾之否艮之隨同例。何以不言屯之豫。而言貞屯悔豫皆八。吾亦知其說之不通矣。然則宜何從。曰韋昭注曰得此兩卦。蓋爲再筮也。又案晦庵大全集答沙隨書曰。據本文語勢。似是連得兩卦。而皆不值老陰老陽之爻。故結之曰皆八也。然兩卦之中。亦有陽爻。又不得偏言皆八。此說似亦未安。愚謂朱子不知亂動稱八。故以爲二卦皆不值老陰老陽之爻。又疑兩卦中有陽爻。不得言八。失之矣。然其謂連得兩卦者。實與韋說相合。確不可易也。

蓋嘗玩傳之文義，必是初筮得屯之亂動，史以爲不吉，故再筮之，又得豫之亂動也。不然，則「皆八」「皆」字絕不可通。既已再筮，故以初筮所得爲貞，以再筮所得爲悔，擬之内外卦也，故曰「貞屯悔豫皆八」。後儒謂本卦爲貞，變卦爲悔，不知亂動者不變謂之八，則貞悔仍是内外卦之名也。互見六爻不變例。筮史占之，皆曰不吉者，言初筮再筮皆爲不吉也。亂動者不變，故曰爻無爲也。易道貴變通，而今爻無爲，似欠變通之理，故曰「閉而不通」，所以爲不吉也。學者密察文理，自當知韋朱説之不可易，而余言之不妄焉。再筮之説自韋昭朱子始發其端，而黄道周易象正、徐文靖管城碩記、胡渭見徐養原所引、徐養原筮説諸家遵用其說。蓋不可易也。

國語。單襄公曰。成公之歸也。吾聞晉之筮之也。遇乾之否。曰配而不終。君三出焉。一既往矣。後之不知。其次必此。其卦曰。必三取君於周。韋昭曰。乾初九九二九三變而之否也。乾。天也。君也。故曰配。配先君也。不終。子孫不終爲君也。乾下變爲坤。坤。地也。臣也。天地不交曰否。變有臣象。三爻。故三世而終。三爻有三變。故君三出於周。周語

案此雖不引周易。而其占況論卦之體象。未嘗及爻義。則知二爻以上變者。總占彖辭。亦可以證焉。嘗竊詳之。兩乾相接。是配先君而爲君之象。初二三皆變。是三

世不終爲君之象。晉語。泰之八曰。是謂天地配亨。夫泰有天地配亨之象。則否有配而不終之象明矣。三世不終爲君。是所以三取君於周也。取云者。自晉之辭出云往云者。自周之辭。乾彖曰。乾元亨。是乾有配而爲君之義。否彖曰。大往小來。乾爲君。三爻。故爲三君。往而居外。故爲君三出焉。是其據乾否二彖而論之明矣。乃知二爻以上變占彖。益信然不疑。故蒙知引內外傳爲說。而漏引此條。其於三爻變誤援貞屯悔豫皆八。以爲占兩卦體因有前十卦主貞。後十卦主悔之說。不知古人無此義也。

晉書郭璞傳曰璞既過江宣城太守殷祐引爲參軍時有物大如水牛灰色卑脚脚類象胸前尾上皆白大力而遲鈍來到城下衆咸異焉祐使人伏而取之令璞作卦遇遯之蠱其卦曰艮體連乾其物壯巨山潛之畜匪兕匪虎身與鬼幷精見二午法當爲禽兩靈不許遂被一創還其本墅按卦名之是爲驢鼠卜適了伏者以戟刺之深尺餘遂去不復見郡綱紀上祠請殺之巫云廟神不悅曰此是邦亭驢山君鼠使詣荆山暫來過我不須觸之其精妙如此王導深重之引參己軍事時元帝初鎮建鄴導令璞筮之遇咸之井璞曰東北郡縣有武

名者當出鐸以著受命之符西南郡縣有陽名者井當沸其後晉陵武進縣人於田中得銅鐸五枚歷陽縣中井沸經日乃止及帝爲晉王又使璞筮遇豫之睽璞曰會稽當出鍾以告成功上有勒銘應在人家井泥中得之繇辭所謂先王以作樂崇德殷薦之上帝者也及帝即位太興初會稽剡縣人果於井中得一鍾長七寸二分口徑四寸半上有古文奇書十八字云會稽嶽命餘字時人莫識之于時陰陽錯繆而刑獄繁興璞上疏曰臣聞春秋之義貴元慎始故分至啓閉以觀雲物所以顯天人之統存休咎之徵臣不揆淺見輒依歲首粗有

所占卦得解之既濟按文論思方涉春木王龍德之時而爲廢水之氣來見乘加升陽未布隆陰仍積坎爲法象刑獄所麗變坎加離厥象不燭以義推之皆爲刑獄殷繁理有壅濫臣術學庸近不練内事卦理所及敢不盡言按解卦繇云君子以赦過宥罪既濟云思患而豫防之臣愚以爲宜發哀矜之詔引在予之責蕩除瑕釁贊陽布惠使幽斃之人應蒼生以悦育否滯之氣隨谷風而紓散此亦寄時事以制用藉開塞而曲成者也

晉書張軌傳曰軌以時方多難陰圖據河西筮之遇泰之觀乃投策喜曰霸者兆也於是求爲涼州公卿亦舉

執才堪御遠。

北齊書方伎宋景業傳曰，顯祖令景業筮，遇乾之鼎。景業曰，乾爲君，天也。易曰，時乘六龍以御天。鼎，五月卦也。宜以仲夏吉辰御天受禪。或曰，陰陽書，五月不可入官，犯之卒於其位。景業曰，此乃大吉，王爲天子，無復下期，豈得不終於其位。顯祖大悅。北史同。

北齊書文苑顔之推傳曰，曾撰觀我生賦，其詞曰，竊聞風而清耳，傾見日之歸心。試拂蓍以貞筮，遇交泰之吉林。注曰，之推聞梁人返國，故有犇齊之心，以丙子歲旦筮東行吉不，遇泰之坎，乃喜曰，天地交泰而更習坎重

險行而不失其信此吉卦也但恨小往大來耳後遂吉也

北史趙輔和傳曰有人父疾託輔和筮遇乾之晉慰諭令去後告人云乾之遊魂乾爲天爲父父變爲魂而升於天能無死乎亦如其言此條北齊書不載

唐書后妃傳曰太宗文德皇后長孫氏歸寧舅高士廉妾見大馬二丈立舍外懼占之遇坤之泰卜者曰坤順承天載物無疆馬地類也之泰是天地交而萬物通也又以輔相天地之宜繇協歸妹婦人事也女處尊位履中而居順后妃象也

案據以上所載可見古人遇二爻以上變皆總占卦辭卦體無二爻變占某三爻四爻五爻變占某諸例也

六爻全變例第五

六爻皆變則乾坤占用九用六餘卦合觀前後二彖以二用之辭例之案左傳蔡墨曰周易有之在乾之坤曰見羣龍无首吉杜君注云乾六爻皆變孔仲達云乾之六爻皆變則成坤卦故謂用九之辭爲其坤也六爻既變而不用卦下之辭者周易用變卦下之辭非變夫乾六爻皆變而之坤占乾用九之辭則可見坤六爻皆變

而之乾則亦占坤用六之辭乾坤六爻皆變不可直用卦下之辭則又可見餘卦六爻皆變當合觀前後二彖以二用之辭爲例也

揚子雲河東賦曰建乾坤之貞兆兮將悉總之以羣龍漢書揚雄傳按子雲以羣龍爲乾坤之貞兆然則乾用九之辭占乾變而之坤明甚後漢書朗顗傳曰昔唐堯在上羣龍爲用注云羣龍喻賢臣也鄭玄注易乾卦云爻皆體乾案班固傳注引作六爻皆體龍羣龍之象舜既受禪禹與稷契咎繇之屬並在朝按羣龍乾也在臣位坤也禹稷契咎繇之屬皆有龍德而在臣位是羣龍而无首之象然則乾

用九謂乾變爲坤亦明甚

歐陽永叔曰乾爻七九坤爻八六九六變而七八無爲易道占其變曰用九用六釋所以不用七曰用六釋所以不用八於乾坤見之其餘可知文集明用童子問案陽爻百九十二皆用九而不用七陰爻百九十二皆用六而不用八知用九用六之云爲諸卦占變爻之凡例也雖然實則用九用六猶言六爻皆九皆六所以著六爻皆變則知二用之辭爲諸卦占六爻皆變之凡例也呂與叔曰乾坤稱用九用六者六爻皆九皆六則俱變故亦繫之以辭而有吉凶左傳蔡墨以乾用九爲遇乾之坤故知六

爻皆變。集義辨言此說是也。朱子兼采兩說。曰用九用六。言凡筮皆用九六之通例。從歐陽也。曰聖人因繫之辭。使遇此卦。而六爻皆變者。即此占之。從呂氏也。

李光地等周易折中曰。凡卦全變者。須合本卦變卦而占之。乾變坤者。合觀乾辭與坤辭而已。坤變乾者。合觀坤辭與乾辭而已。但自乾而坤。則陽而根陰之義也。自坤而乾。則順而體健之義也。合觀卦辭者。宜知此意。故立用九用六之辭。以發之。蓋羣龍雖現。而不現其首。陽而根陰故也。永守其貞。而以大終。順而體健故也。此亦因乾坤。以爲六十四卦之通例。如自復而姤。則長而防其消可也。自姤而復，則亂而圖其治可也。固非乾坤獨有此義，而諸卦無之也。聖人於乾坤發之，以示例爾。按此說是也。蓋乾變之坤，是變剛而爲柔，然本自剛來，本卦之性則依舊尚在，與本是坤者不同，所以有羣龍之辭也。坤變之乾，是變柔而爲剛，然本自柔來，本卦之性則依舊尚在，與本是乾者不同，所以不足於元亨也。餘卦合觀二象，亦以此例之。二用之辭，所以爲諸卦發凡也。朱子曰：六爻皆變，占之卦彖。不知豈有盡棄本卦而不觀之理乎？今不從矣。

夫子彖傳，多取伏卦。京房易傳，又有六十卦飛伏之說。朱子發曰：凡卦見者爲飛，不見者爲伏。飛，方來也；伏，既往也。虞翻謂之旁通。蓋六爻全變。必合觀二彖。故彖傳之取義如此。而古人相傳有此說也。

唐書藩鎭王廷湊傳曰。始廷湊賤微時。鄴有道士爲卜得乾之坤。曰君將有土。及得鎭。迎事甚謹。

案筮遇六爻全變常少。故史傳所載亦罕見其例云。

統例第六

六爻不變。單占本卦彖辭。專論質性也。凡取義。必用合於彖辭者。

一爻獨變。單占本卦爻辭。專論流動也。凡取義。必用合於爻辭者。

二爻以上變。諸卦皆占本卦彖兼取之卦彖。

六爻全變。乾坤占二用辭。餘卦合觀本卦之卦彖。本卦爲體之卦爲用。

二爻以上變。未離本質。故取本卦彖爲多。亦有不必論之卦者。

六爻全變。既離本質。故取之卦彖爲多。以二用辭爲例。

釋彖第七

周易卦下之辭。謂之爲彖。彖。何也。案說文。彑豕之頭象其銳而上見也。彖豕走也。从彑从豕省。案五篇引說文作彖豕走捝也。段若譍云。恐是許書古本如此。今玉篇挩誤悅。廣雅釋言。豙，挩也。王念孫曰。挩與脫通。案方言。解。挩也。注。挩猶脫也。挩猶脫兔之脫。奔突也。義與說文合。吳蘭修云。挩與豙同部。亦聲近為義也。王念孫曰。脫、豙聲相近。豙猶遯也。遯或作遂。漢書匈奴傳贊。遂逃竄伏。字從辵。豙聲。豙、遯聲亦相近。蓋豙剛突而躁疾。易大畜。豶豙之牙。崔憬云。豕性剛突。詩有豕白蹢。箋。四蹄皆白曰駭。白蹢。其尤躁疾者。故其走決。莊子齊物論。麋鹿見之而決驟。釋文引崔注云。疾走不顧為決。孟子曰。如追放豚。言走挩也。走挩故決。決有斷義。淮南時則訓。審決獄。注。決。斷也。故易斷卦取之。學海堂集此說是也。蓋豙者。豕之全體也。任兆麟豕能俯其首。陸佃、吾邱衍从彑。象頭之上見。則全體具見焉。故統論一卦之全體。謂之為豙。裂卦之體。謂之為爻。爻者。折俎也。蘇子瞻云。爻。折俎也。

古者謂折俎爲爻其文蓋象折俎之形後世以易有六爻也故加肉爲肴以別之爻則何爲取于折俎也爻者效天下之動分卦之材裂卦之體而適險易之變也任兆麟讀經雜記爻禮俎也从半肉在且且从冂足有二一地也象藉於地形古者折俎爲爻後世加肉爲肴象全體也言一卦之全體故曰象言一爻之義裂卦之體如俎故曰爻愚按爻之義取肴故古人爻亦作肴孔鼂碑易建八卦擬肴繫辭是也故以喻爻之陰陽錯列吉凶雜陳羅喻義云爻者俎也錯雜陳之豕有犄有精猶爻之有吉有凶也性剛突觸物衝決故以喻卦辭之斷一卦之義決一卦之吉凶也以其聲義與斷相近故鄭康成云彖者斷也乾鑿度注劉子珪瓛從之云彖者斷也斷一卦之才也集解史稱瓛承馬鄭之後時學徒以爲師範南齊書劉瓛傳知其易義宗鄭也及正義所引褚氏莊氏並云彖斷也斷定一卦

之義皆本于鄭義矣。言爻之所言。錯雜不一。而唯彖辭可以斷之。是以古人遇六爻不變。六爻皆變。及亂動之卦一。皆以彖辭斷之。爲是故也。

彖者。全體也。故統論一卦之全象。謂之爲彖。彖者。豕之走決也。故斷決一卦之大義。謂之爲彖。蓋爻之所言有限。而彖之所該廣。則欲決多義之旁薄。斷事物之紛更。非彖不可也。故曰。知者觀其彖辭。則思過半矣。繫曰。彖者。言乎象者也。爻者。言乎變者也。韓伯注云。彖。總一卦之義也。爻。各言其變也。何楷云。易之爲書。綱紀在卦。卦必合爻之全。而後成卦。一畫不似。便成它局。聖人之係卦也。爲之推原其始。要約其終。彌綸全卦之理。而包羅含蓄於彖辭之內。如物之有體質。即三章所謂彖者。材也。至於係爻則異此。就其所處之一節。而分疏之。蓋卦猶天王也。文，猶列國也。彖辭，馬融以爲卦辭。釋文此蓋周秦以來相傳之古訓，爲不磨之言也。鄭玄以爲爻辭。釋文失之矣。

繫曰：彖者，材也。韓伯注云：材，才德也。彖言成卦之材，以統卦義也。按彖言一卦之材質，故與爻效天下之動對文。鄭乾鑿度注云：占彖，本其質性，亦與此義相發。

段若膺曰：周易卦辭謂之彖，爻辭謂之象。按繫卦曰象，爻曰辭，段唯依釋文辭爲象已，此言有疏。繫辭傳曰：彖者，才也。虞翻曰：彖說三才。彖者，言乎象者也。虞翻曰：八卦以象告。按此象屬卦之明證，偏謂爻辭。謂之象可乎。彖說三才，故言乎象也。按此與下爻辭謂之彖之言自相矛盾。古人用彖字，必系段借，而今失其說。劉瓛曰：彖者，斷也。說文彖字注。按訓「彖」為「斷」，鄭玄舊說。不「淑」于劉也。又曰：緣者，衣純也。既夕禮註：飾衣領袂口曰純，引申為凡實緣邊際之偁。掾者，緣其邊際而陳掾也。陳掾，猶經營也。易卦辭曰彖，謂文王緣卦以得其義。然則彖者，掾之叚借字與。掾字注。愚案段氏謂彖字義今失其說，又疑掾之叚借，蓋無定說也，不足據矣。阮芸臺元曰：繫辭傳曰：象者，材也。此乃古音訓相兼。彖古音當讀若弛。易象當為彖，音近材。彖，通貫切，音近緣。凡緣篆瑑等字皆从之，有緣飾隆起之意。象音近材，近蠡。凡蠡喙像豫字从之，有劙刻分解之意。方言曰：蠡，分也。蠡尚訓為分，則彖字本訓為分可知也。材即財成天地之道之財亦即三才之才以天地人三分分之也孔子所訓之材言用此彖辭說卦象而分之也學海堂集愚按古音訓相兼亦有不必然者如此章象也者像也文也者效天下之動者也是音訓相兼者也若易者象也彖者材也蓋唯詁其義不必取其聲近者以爲訓也阮氏求其說而不得遂欲改彖爲象過矣不知訓彖爲斷本出于鄭康成以爲劉瓛誤音則不唯自誤亦且厚誣古人矣按鄭影若亦謂晉魏而下說易者皆訓彖爲斷吳蘭修亦唯引劉瓛蓋未檢乾鑿度注也至於財成天地之道王注以爲裁制鄭注云財節也釋文財荀本作裁爾雅釋言裁節也是財裁通裁者制也釋名

云節有限節也是王注與鄭義合阮氏旣以材爲財成之財又以爲三才之才則尤附會而不通矣

七八九六釋義第八

惠定宇棟曰天地之數五十有五而天五爲虛者土生數五成數五二五十故有地十則五爲虛也虛者爲用故一二三四得五爲六七八九而水火木金具土居其中故易止有七八九六而天地之數已備矣又曰九六之義繫辭天地之數五十有五有天九地六九家易謂九天數六地數乾之策二百一十有六坤之策百四十有四皆以四九四六積算則爲乾九坤六其七爲少陽八爲少陰九

爲老陽。六爲老陰之義。見于孔穎達之易乾卦正義。及賈公彥之周禮太史疏。崔憬之周易新義。孔賈崔之說本之陳諮議參軍張機。易乾卦正義所稱張氏。即機也。機之說。又本之鄭康成之易注。鄭易已亡。散見于五經正義。及周禮儀禮公羊諸疏。與王厚齋之集注。（集鄭氏易爲一卷。附玉海後。）鄭注易有四象云。布六于北方以象水。布八于東方以象木。布九于西方以象金。布七于南方以象火。又注精氣爲物游魂爲變云。精氣謂七八。游魂謂九六。七八。木火之數。九六。金水之數。木火用事而物生。故曰精氣爲物。金水用事而物變。故曰游魂爲變。言木火之神生物東南，金水之鬼終物西北。以上鄭注。若然，生物故謂之少，終物故謂之老，是老少之義也。合鄭、張、孔、賈、崔之說考之，七八九六實天地之全數耳。繫辭曰：天一、地二、天三、地四、天五、地六、天七、地八、天九、地十。子曰：夫易何爲者也。據古易次第。虞仲翔注云：問易何爲取天地之數也。下傳云：是故蓍之德圓而神，卦之德方以知，六爻之義易以貢。蓍圓而神，七也。七七四十九。卦方以知，八也。八八六十四。周禮太卜曰：其經卦皆八，其別六十有四。六爻易以貢，九六也。繫辭曰：爻者，言乎變者也。又曰：爻也者，效天下之動者也。又曰：道有變動，故曰爻。故易三百八十四爻皆稱九六。是天地之數，易之所取，止有七八九六，以爲蓍卦之德、六爻之義。

至其用以筮而遇卦之不變者則不曰七而曰八蓋蓍圓而神神以知來卦方以知知以藏往知來爲卦之未成者藏往爲卦之已成者故不曰七而曰八左傳襄九年穆姜始往東宮而筮之遇艮之八晉語重耳歸國董因筮之得泰之八八者卦之數故春秋内外兩傳從無遇某卦之七者以七者筮之數卦之未成者也據揲蓍之時七八九六皆卦之未成者既成之後則七八爲彖九六爲變及舉卦名則止稱八不稱七此古法也必知七八九六爲天地之全數者天地之數一曰水二曰火三曰木四曰金五曰土一二三四得五爲六七八九水火木金行于四時五五爲土見太玄二五爲十是謂地十居中央王

四方，故天地之數止有七八九六。七八十五，九六亦十五。二者合爲一月之數。七八爲春夏，九六爲秋冬。二者合爲一歲之周，而天地之數畢。易例

按得爻之時，七八九六俱有，然至於稱爻，則唯曰九六，不曰七八，以爻占變也。布卦之時，七八俱有，然至於稱卦，則唯曰八，不曰七，以七蓍數，八卦數也。鄭乾鑿度注云：一變而爲七，是今陽爻之象；七變而爲九，是今陽爻之變；二變而爲六，是今陰爻之變；六變而爲八，是今陰爻之象。按布卦之時，七八九六俱有，故鄭言如此。及卦之既成，則尊以八識卦，以九六識爻，而七則尊屬之蓍，是古義也。凡動爻皆九六也，然必遇一爻變乃謂之九六，以見周易唯占一爻變焉。六爻不變，占卦者

其常也。故不復言八矣。必遇二爻以上變占卦者，乃謂之八。以見其占卦不占爻焉。是古義也。易例此條，眞能洞見古占法之微。惜未明言九六唯爲占一爻變之名，八專爲二爻以上變占卦之名。故既爲表出之，又附以臆見云。

又按鄭云：七八，木火之數；九六，金水之數。以成數言月令：春曰其數八，夏曰其數七，中央曰其數五，秋曰其數九，冬曰其數六。注云：易曰：天一，地二，天三，地四，天五，地六，天七，地八，天九，地十。木生數三，成數八；火生數二，成數七；金生數四，成數九；水生數一，成數六；但言八、言七、言九、言六者，舉其成數也。土數五者，土以生爲本，水火木金得土而成，故以生數合土五，乃爲七八九六也。南齊書樂志曰：案鴻範五行一曰水，二曰火，三曰木，四曰金，五曰土。月令木數八，火數七，土數五，金數九，水數六。蔡邕云：東方有木三，土五，故數八。南方有火二，土五，故數七。西方有金四，土五，故數九。北方有水一，土五，故數六。按此蔡氏月令章句文。皇侃禮記義疏曰：金木水火，得土而成。孔氏正義云：皇氏用先儒義，即此也。

張皋文惠言曰：乾鑿度曰：有太易，有太初，有太始，有太素。太易者，未見氣也。太初者，氣之始也。太始者，形之始也。太素者，質之始也。易无形畔，易變而爲一，一變而爲七，七變而爲九，九者氣變之究也，乃復變而爲一。一者形變之始。鄭氏注云：此一則元氣形見而未分者。夫陽氣內動，周流終始，然後化生一之形氣也。○案此語又見下注云：乃復變爲一，一變誤耳，當爲二，二變而爲六，六變而爲八，則與上七九意相協，不言如是者，謂足相推明耳。又云：九，陽數也，言氣變之終，二，陰數也，言形變之始，則氣與形相隨此也，二說不同，後說最爲直截，考三微而成一著。注，有曰六二，蓋當作上六。先師不改，故亦不改。据此，疑後說當亦鄭學之徒附記之。又此語見列子天瑞篇，張湛注云：九數既終，乃復反而爲一，一歸於形變之始。此蓋明變化往復無窮極。今未審孰是，姑並錄之，以質博雅。清輕者上爲天，濁重者下爲地，物有始有壯有究，故三畫而成乾。注云：象一七九也。乾坤相並俱生，物有陰陽，因而重之，故六畫而成卦。易无形畔者，太易也。未見氣也。一七九曰氣變，是太初也。鄭注以七爲太初，九爲太始，復變爲太素。者失之。○案鄭注云：太易變而爲一，謂變爲太初也。一變而爲七，謂變爲太始也。七變而爲九，謂變爲太素也。是鄭無七爲太初云云之說，張誤。說文解字之義：惟初太始，道立於一，惟初太始，太始之初。二三四皆从積數。四古文作亖，其从四象四方分布，蓋非初義。五象交午。古文夂乂。六从入而八分。七象氣出於一。初動屈而直出。說文以爲微陰非也當爲微陽八象分别相背之形九象屈曲究盡十象氣具四方中央易變而爲一者太易動而有氣也積三午五動七而上出故曰一變而爲七至九而究盡故曰七變而爲九陰陽之氣相並俱生易變而爲一則二亦生矣積三爻乂而動一變而七則二亦變而爲八矣陽動而進陰動而退七上出八當下入故八象分别相背也七上究而九則八亦下究而六矣故六从八入也五交於中十則具焉虞氏消息

案太極元氣出陽入陰變天化地以生萬物聖人仰則觀天而畫一俯則觀地而畫--物有始有壯有終

故畫而爲☰以象一七九而謂之乾乾坤相並俱生故畫而爲☷以象二八六而謂之坤取其陰耦取其兩載六子三索而成故八卦而小成因而重之故六十四卦而大成顏延之曰淳象始于三畫兼卦終于六畫一二者氣形之始也七八者陰陽之正也九六者陰陽之究也故一七九二八六而天地之道備矣若夫三四者積畫也鄭儀禮覲禮注云古書三四或皆積畫說文亖籀文四又三爲天三覆之數說卦參天兩地正義引鄭玄云必三之以天兩之以地者天三覆地二載又周禮媒氏鄭注云二三者天地相承覆之數也四象地四分之形說文四陰數也象四分之形段氏注云謂口像四方八象分也五者陰陽交午也說文五五行也从二陰陽在天地間交午也又古文五省十者氣

之具四方中央也。（說文：十，數之具也。一爲東西，丨爲南北，則四方中央備矣。）然則三四五十實不出乎一七九二八六之中焉。蓋舉其始莫先乎一二，舉其壯莫正乎七八，舉其終莫究乎九六。故舉一七九二八六，而天地之道備矣。易數之所以止于一七九二八六也。夫易數一七九二八六，而一二者爲氣形之始，必欲觀陰陽之正，莫若七八；欲觀陰陽之變，莫若九六。故卦畫七八，爻稱九六。七八合而爲十五，九六亦合而爲十五，即一陰一陽之謂道也。（語本乾鑿度。）九者，一三五之合也；六者，二四之合也。（說卦正義引馬王說云：天得三合，謂一三與五也；地得兩合，謂二與四也。王彥賓學林云：九者何，三五是也。六者何。二四是也。九六之中。一二三四五具焉。而唯七八無有。是故周易占爻則占之九六之辭。未嘗有占七八之爻者也。經無七八爻辭。占卦則占之七八之彖。未嘗有占九六爻辭者也。義例森然。不可得紊。豈偶然哉。陽動而進。故于寶稱九爲重陽。乾初九注。言其自七進九也。陰動而退。故稱六爲重陰。坤初六注。言其自八退六也。說文曰。七陽之正也。陰正於八。九陽之變也。陰變於六。蔡邕明堂月令論曰。太廟明堂方六丈。案。魏書賈伯思傳。隋書牛里仁傳。北史牛弘傳。並作六丈。隋書宇文愷傳。據黃圖。亦同。劉昭注後漢書律歷志。引蔡邕作三十六丈。疑三十字。依三十六户之文而衍也。通天屋徑九丈。陰陽九六之變也。鄭康成曰：人情變動，因設變動之爻以効之，九六之辭是也。（乾鑿度注）蓋彖畫七八，占彖者域于六十四卦，至於占爻，而後天下事物之變無不窮，而爲天下利者無不盡矣。故曰易之興也，其於中古乎。

辨朱子占法第九

朱子不知二爻以上變占彖，自創新例曰：二爻變，則以本卦二變爻辭占，仍以上爻爲主。其說無據，故又曰：經傳無文，今以例推之，當如此。然所謂例者，竟無實據。按宋景業爲齊文宣筮，遇乾之鼎，是乾初九、九五二爻變也，而況占卦體，又引乾彖論之。（載見二爻以上變例，下同）郭璞爲元

帝筮遇咸之井是咸六二九四二爻變也而亦況占卦體未嘗占咸二變爻辭乃知朱子所云云出其創說非古義也

朱子曰三爻變則占本卦及之卦之彖辭而以本卦爲貞之卦爲悔前十卦主貞後十卦主悔此說亂誤案國語乾之否是乾初九九二九三凡三爻變也而其占況論兩卦體未嘗有所謂主貞主悔之說況貞悔是內外卦之稱非前後卦之稱也他郭璞所筮遯之蠱豫之睽顏之推所筮泰之坎高士廉之妾遇坤之泰皆三爻變而亦未嘗有所謂主貞主悔之說況所謂前十卦後十

卦者，以其所造卦變圖言之，殊不可信也。考朱子三十二圖，自言原焦氏易林（胡一桂曰：雖出於焦，而比焦尤密。）實虞仲翔之說也。後李之才因作六十四卦相生圖，而朱子又推廣之。用王輔嗣之說，名曰卦變也。大旨以爲六十四卦互相往來，以兩卦陰陽二爻换位爲言。其說穿鑿破碎，真爲易學蓁蕪。故同時林黄中（栗）不服其說，以爲聖人以八卦重爲六十四卦，未聞以復姤泰否臨遯變爲六十四也。（陳直齋書録解題載栗周易經傳集解三十六卷，稱其與朱侍講違言，以論易不合，爲朱公所闢也。）其言允當。近清黄宗炎斥爲堆積無稽（圖書辨惑），查慎行亦以爲朱子之易，非孔子之易（周易玩辭集解），非過論也。蓋卦變

固亦聖人作易之一義是以王輔嗣不信卦變而其解
文柔文剛則以乾下坤上言仍用卦變自泰來也嘗竊
詳之凡三陰三陽之卦上下交易者是乾坤否泰之變
也其說見于蜀才集解而程頤蘇軾用之他皆二卦反對
而成也（揚雄曰文王重易六爻互用而卦十二爻）其說見于朱震（漢上易傳无妄彖）
漢人謂之反卦雜卦曰否泰反其類也虞注云否反成
泰泰反成否觀卦注云觀反臨也序卦注云否反成泰
咸反成恒繫下注云反損成益繫上曰鼓之舞之以盡
神荀注云鼓者動也舞者行也謂三百八十四爻動行
相反其卦所以盡易之蘊王輔嗣云卦有反對（略例）孔仲

達云六十四卦二二相耦非覆卽變序卦疏皆其明證俞琰周易集說讀易舉要曹學佺論易剛柔往來上下說載古今議論纂來知德周易集注潘耒卦變說載遂初堂集喬萊喬氏易俟江永戴氏東原集江永事畧狀錢氏潛研堂集江永傳用之兼此二說如无妄彖剛自外來而爲主於內渙彖剛來而不窮柔得位乎外而上同皆可得而解矣若從朱子卦變乎他卦或可強解无妄渙彖則絶無可通之理故語類論渙卦變云剛来不窮是九三来做二柔得位于外而上同是六二上做三此說有此二不穩却爲是六三不喚做得位然其這個例只是一爻互換轉移无那隔驀兩爻底云云是朱子亦自知其說之不通

也是鳥足據以占羲文周孔之易乎且啓蒙於三爻變引貞屯悔豫皆八爲證而文集荅沙隨書則又謂其說不能無疑可見朱子說屢變後人不得堅信其一說也朱子曰四爻變則以之卦二不變爻占仍以下爻爲主又曰經傳亦無文今以例推之當如此又曰不變者是其常只順其先後所以以下爻爲主此亦臆說殊不知周易之占爻占變動之一爻也是以爻有九六之辭無七八之辭烏有所謂占不變爻者況占二不變爻乎故當日袁機仲疑四爻五爻無所主名且趙輔和之筮遇乾之晉是乾初九九二九三九五凡四爻變也而趙沉

占卦體未嘗占晉二不變爻則可見朱子此說亦其所自創非古義也

朱子曰五爻變則以之卦不變爻占援艮之八爲證謂史曰是謂艮之隨蓋五爻皆變唯二得八故不變也法宜以係小子失丈夫爲占而史妄引隨之彖辭以對則非也又曰筮法以少爲卦主變者五而定者一故以八爲占而曰艮之八此亦不然案以八爲不變爻見周禮疏引左傳注韋昭國語注孔仲達左傳正義楊升庵外集曰艮之八只有第二爻不變驗下文艮之隨可見千古百年無人知此也其陋可笑然其說皆以爲夏殷之易而朱子移以解周易殊爲舛誤不知周易爻

辭皆稱九稱六從未有七八之辭係小子失丈夫亦是
占艮六二變之辭非可占不變爻也朱子不察遂以史
言爲妄失之矣且郭璞所筮得解之既濟是解初六九
二六三九四六五凡五爻變也張軌之筮遇泰之觀是
泰初九九二九三六五上六凡五爻變也而皆未嘗占
之卦不變爻則可見古人始無此說也朱子不察亦失
之矣及其荅程可久又謂東宮之占說亦未定恐或只
是遇六爻不變者然則啟蒙此條亦是朱子未定之說
耳後人庸可執拘之乎
今之本義啟蒙不盡朱子之意故文集荅王子合書明

言伏羲卦位近於穿鑿附會荅劉君房書又稱如河圖洛書亦不免尚有剩語而今本皆載此諸圖則可見二書未經朱子脩改也又案語類一條云喪羊于易不若作疆埸之易漢食貨志疆埸之場正作易蓋後面有豈羊于易亦同此義今本義所注只是從前所說如此只且仍舊耳此亦朱子明知本義之誤而未及釐正者也他如比之邑人不誡賁之賁如皤如皆語類所說與本義不同則可見朱子說數變今本未經朱子脩改未盡朱子之意明甚也錢一本曰朱子於四書集注悔其誤已誤人不小又欲更定本義而未能後人以信守朱說

爲尊專朱子此徒以小人之心事朱子耳此言允當然則堅持本義啓蒙既不足以盡朱子之意又烏足以知羲文周孔之易乎

四庫全書總目曰先天諸圖唐以前書絶無一字之符驗而突出於北宋之初由邵子以及朱子亦但取其數之巧合而未暇究其太古以來從誰授受故易學啓蒙及易本義前九圖皆沿其說同時袁樞薛季宣皆有異論然考宋史儒林傳易學啓蒙朱子本屬蔡元定創稾非所自撰晦菴大全集中載荅劉君房書曰啓蒙本欲學者且就大傳所言卦畫蓍數推尋不須過爲浮說而

自今觀之，如河圖洛書亦不免尚有剩語。至於本義卷首九圖，王懋竑白田雜著以文集語類鉤稽參考，多相矛盾，信其爲門人所依附，其說尤明，則朱子當日亦未嘗堅主其說也。胡渭易圖明辨提要 愚謂據此，今之本義啟蒙不盡朱子之意確有明徵，而後之學者刻舟求之，尺寸不容踰越，豈足以知朱子乎。

周易古占法卷第二終　受業武藏大石裕校字

周易古占法卷第三

海保元備學

揲蓍解第十

繫辭上傳曰。大衍之數五十。其用四十有九。

繫曰。天一。地二。天三。地四。天五。地六。天七。地八。天九。地十。天數五。地數五。虞仲翔云。天數五。謂一三五七九。地數五。謂二四六八十也。五位相得。而各有合。天數二十有五。地數三十。凡天地之數五十有五。虞仲翔云。一三五七九。故二十五也。二四六八十。故三十也。天二十五。地三十。故五十有五。按天地之數五十有五。而大衍言五十者。鄭康成云。天數五。地數五。五位相得。而各有合。天地之氣各有五五行之次一曰水天數也二曰火地數也三曰木天數也四曰金地數也五曰土天數也此五者陰无匹陽无耦故又合之地六爲天一匹也天七爲地二耦也地八爲天三匹也天九爲地四耦也地十爲天五匹也二五陰陽各有合然後相得施化行也又曰天一生水於北地二生火於南天三生木於東地四生金於西天五生土於中陽無耦陰無配未得相成地六成水於北與天一并天七成火於南與地二并地八成木於東與天三并天九成金於西與地四并地十成土於中與天五并衍演也天地

之數五十有五。五行各氣并。氣并而減五。惟有五十。以五十之數不可以爲七八九六卜筮之占以用之。故更減其一。故四十有九也。依鄭義而攷之。五十有五者。五行之末播于四時。未施其化者也。其既播于四時。則行於四十九蓍之中焉。既成形。則見於八卦之象焉。減五者。所以見五行之各相并以成其功。而播于四時。行乎蓍卦之中也。此蓋聖人精義入神之學。唯鄭君傳之。誰不貴重之乎。五十又減一何也。曰。京君明云。其一不用者。天之生氣。馬融以爲北辰。釋文正義鄭君所謂天皇大帝耀魄寶。大宗伯疏是也。北堂書鈔引書大傳

曰北辰謂之曜魄後漢書朗顗傳注引春秋保乾圖曰陽起于一天帝爲北辰鄭大司樂注曰天神則主
北辰大宗伯注曰禮天以冬至謂天皇大帝在北極者也謂之爲辰則在天成象
語曰北辰居其所爾雅曰北極謂之北辰呂氏春秋有始覽曰衆星與天俱遊而極星不移高誘注云極
星北辰星也謂之爲帝則常行八卦九宮乾鑿度太一行九宮鄭注曰太
一者北辰之神名也居其所曰太一常行於八卦日辰之間曰天一是以更減之也蓍
數七七四十九故曰蓍之德圓而神儀禮疏引鄭注云蓍形圓而可
以立變化之數故謂之神蓍數七七四十九陽也卦數八八六十
四陰也以蓍起卦以陽動陰之義也以陽動陰語本白虎通大衍諸
說詳載于愚易說
其用四十有九象之太極崔憬曰四十九數合而未

分是象太極也集解正義曰五十之内去其一餘有四十九合同未分是象太極也此説是也所謂太極者陰陽未判混淪之氣樂記所謂生氣之和漢人所謂元氣按楚辭守志曰食元氣兮常存元氣字蓋始見于此是也繫又曰三極之道謂三才也太極者蓋對三極而言之文選注引鄭易注云太極極中之道淳和未分之道也乾鑿度孔子曰易始於太極鄭注云氣象未分之時天地之所始也春秋繁露循天之道篇曰陰陽之道不同至於盛而皆止於中中者天地之太極也漢書律曆志曰太極元氣函三為一極中也孟康曰元氣始起於子

未分之時天地人混合爲一是皆太極古義也魏書李業興傳梁武帝問業興曰易曰太極是有無業興對所傳太極是有觀此後世無極之說鼂不足據矣漢志所謂一者四十九策之渾淪不分者是也漢上朱氏曰總之則一散之則四十九非四十九之外復有一而不用也此說爲精馬融始有以一不用者爲太極之說後儒多從之然考荀悅漢紀稱馬融著易解頗生異說知馬氏於易自創新義有未可遽信者焉蓋大衍之數五十者謂天地之數乃有五十也非可以爲蓍數也曰其用四十有九知所用之策唯有四十九故鄭君注蓍之德圓曰蓍形圓若不本是四

十九策則鄭不當云其形圓也（有圖見下）淮南子説林篇曰筮者端策以問於數高誘注云策四十九策可以占吉凶可見古人本唯用四十九策故誘言如此也南史褚彥回傳曰彥回少時嘗篤病夢人以卜蓍一具與之遂差其一至是年四十八矣歲初便寢疾彥回慮不起表遜位甍年四十八据此最可見古人用蓍本唯四十九策故差其一餘有四十八也（唐六典曰凡易之策四十有九注云用四十九算分而揲之）後儒謂策五十莖當筮之初去其一非也又謂以二策交于櫝中最非也不知櫝有上下以意料之上櫝必短（聶氏三禮圖陳氏禮書有圖并同見下）恐

不足以納策。況二韇筮時執以擊筮。烏得有所謂反策于韇中之事乎。

乾坤鑿度曰。萬形經曰。蓍生地於殷。注。殷。中土也。凋殞一千歲。一百歲方生四十九莖。足承天地數。軒轅本經曰。天生靈薪。聖人採之。而用四十九。運天地之數。萬源由也。注云。蓍者。薪靈草。與天地氤氳氣齊生。若不是靈蓍。不應天地大數。藂生至四十九莖者。是應天法也。案乾坤鑿度最晚出。不可信。愚嘗作是書跋。詳辨之。茲不復贅。然此條或有所受而言之。存以備博雅裁定焉。

朱子曰。蓍一根百莖。可當大衍之數者二。案史記龜策傳曰余至江南問其長老云蓍百莖共一根徐廣曰劉向云蓍百年而一本生百莖釋文引洪範五行傳曰蓍百年一本生百莖（藝文類聚太平御覽引同）春秋繁露奉本篇曰蓍百莖而共一本此一說也說文曰蓍生千歲三百莖博物志曰蓍一千歲而三百莖同本此亦一說也論衡狀留篇曰蓍生七十歲生一莖七百歲生十莖神靈之物故生遲也此亦一說也蓋無定說也要之其於大衍之數俱不相蒙而朱子唯信一根百莖之說謂可當大衍之數者二極爲無謂今不從矣

分而爲二以象兩。

分而爲二者，中分四十有九之策而爲二。半在左手，半在右手。仍以右手之策置於下方，象諸輕清者上爲天，重濁者下爲地。故曰以象兩。下文曰易有太極，是生兩儀。文選注引王肅曰，兩儀，天地也。潘安仁爲賈謐作贈陸機詩注呂氏春秋大樂篇高誘注曰，兩儀，天地也。論衡卜筮篇曰，案易之文，觀揲蓍之法，二分以象天地。晉書紀瞻傳曰，顧榮曰，夫兩儀之謂，以體爲稱，則是天地；以氣爲名，則名陰陽。

掛一以象三。

掛一者於左手之中取一策掛之於左手小指間也正義曰就兩儀之間於天數之中分掛其一於最小指間而配兩儀以象三才也按文言曰本乎天者親上大雅曰天生烝民人受命於天因謂之天性故於天數之中取其一策以象人配兩儀爲三才也後儒謂以右手一策掛於左手小指失之矣三者乾鑿度曰易始於一分於二通於三鄭注云清濁分於二儀陰陽氣交人生其中故爲三才是也下繫曰易有天道焉有人道焉有地道焉兼三才而兩之故六乾鑿度孔子曰三才之道天地人也逸周書小開武解曰三極一維天二維地三維人淮南地形篇曰天一地二人三說文曰三天地人之道也

揲之以四以象四時。

揲者，說文曰：閱持也，从手枼聲。（趙汝楳曰：閱數而持之也。段玉裁曰：閱者具數也，更迭數之也。閱持者，既得其數而持之，故其字从手。）鄭曰：取也。（釋文）廣雅曰：積也。（釋詁）釋文曰：揲猶數也。揲之以四者，以右手四四揲左手之策也。以象四時者，崔憬曰：分揲其蓍，皆以四爲數，一策一時，故四策以象四時也。（集解）

歸奇於扐以象閏。

韓伯曰：奇，凡四揲之餘不足復揲者也。按禮記一算爲奇，疏云：奇，餘也。（投壺）管子旁入奇利注云：奇，餘也。（禁藏）四揲之後，必有餘數，無餘則末之一四亦爲奇，其數。

虞云不一則二不三則四也扐者馬云指間也釋文歸奇於扐者謂以四揲之餘歸之於左手第四第三指之間也又荀柔之云扐別也釋文蓋再扐以象再閏則必歸之於指與指之間使不相混故以爲別也攷工記石有時以泐鄭司農曰泐讀如再扐而後卦之扐謂石解散也是扐有别之義也朱子以爲勒入之義趙汝楳云扐猶勒也古謂刻石爲勒有勒入之義意亦相通以象閏者正義曰象天道歸殘聚餘分而成閏也案以四揲之餘歸之於扐以象餘分成閏即左氏所謂歸餘於終之義也

五歲再閏，故再扐而後卦。

五歲再閏者，正義曰：凡前閏後閏，相去大略三十二月，在五歲之中，故五歲再閏。案朞之日三百六十六日，而一歲十二月，一月三十日，則餘六日，又除小月六日，凡三百五十四日，共餘十二日，三年則餘三十六日矣，於是分三十日為一月，以六日為後閏之積，其第四第五年又各餘十二日，以此二十四日湊前六日，又成一閏，此所謂三歲一閏，五歲再閏也。再扐者，謂初扐之後，又取右手之策四四揲之，再歸其餘策於左手第三第二指之間也。自分掛至再扐，是為第一變。一變之後，除前掛扐之策，復合所揲見存之正策，分掛揲歸如前法，是為第二變。二變之後，又除前掛扐之策，復合其過揲之策，分掛揲歸如前法是爲第三變三變之後復四四數過揲之策觀七八九六之數以布一爻其爲四者有七則爲少陽有八則爲少陰有九則爲老陽有六則爲老陰此之謂四營而成易也

卦今本作掛釋文云掛京作卦云再扐而後布卦虞仲翔云成一變則布掛之一爻張惠言云布掛之一爻於文不辭與京氏布卦之文實合則知虞氏本掛亦作卦後人傳寫誤從他本作掛并其注文改之耳乾鑿度亦云再扐而後卦說文引易亦作卦蓋古本實然布卦之一爻者七八九六也虞氏消息案考工記鄭

司農注引亦作卦今當從之以布卦爻爲卦與儀禮所謂卦者（士冠特牲少牢）其義正同或曰筮法必三變而後成一爻今曰再扐而後布卦之一爻似不可通矣此不然也蓋自分揲至再扐亦一變大例舉此一例後二變可推知則略而不言下乃曰十有八變而成卦夫知一卦之爲十有八變則一爻三變不待言矣是爻之上下互備也下文又曰四營而成易四營者三變爲三營三變之後復四四數過揲之策得七八九六此爲一營是也成易者謂成一爻也無四營之文則唯見一爻三變一卦十八變耳故更增此一語以

見其必得七八九六之數以布爻此亦文之上下互備也然則再扐而後卦者謂三變四營而後布卦之一爻豈不甚明乎繫旣舉一變大例則後二變亦必分掛揲歸不待言矣而郭雍專主始掛後不掛之說極為舛戾朱子辨之是矣但朱子亦從俗本以卦為掛以為再扐之後別起一掛非也不知繫旣示一變大例則二變三變亦必先分次掛次揲次歸甚明矣何有未言分而先言掛乎況以掛為掛一固亦文義之不安者也愚故謂朱子辨郭氏之誤者是矣其錯認繫文以附合己

説者非也。

天數五一節。古本在此。今專明揲法。故姑從程朱本。

又曰。乾之策二百一十有六。坤之策百四十有四。凡三百有六十。當期之日。

乾坤之策者。謂乾坤老陽老陰之策數也。三變之後。四四數過揲之策。其爲四者有七則爲少陽。四七二十八策矣。有八則爲少陰。四八三十二策矣。有九則爲老陽。四九三十六策矣。有六則爲老陰。四六二十四策矣。乾老陽之策。一爻三十六。六爻合二百一十有六也。坤老陰之策。一爻二十四。六爻合百四十有四也。乾坤皆以老陽老陰之策言者。周易以變者爲占用九六而不用七八也。

朱子謂掛扐之數七八九六之原。過揲之數七八九六之委。於是直視掛扐之奇偶多少以畫陰陽老少。如此則老陽十三策。三奇老陰二十五策。三偶少陽二十一策。一奇二偶少陰十七策。二奇一偶其數絕不符於繫文。故於此條又不得不依過揲之數以解之。可以見其說之窮矣。按奇偶多少之說始見孔氏正義。曰每一爻有三變。若三者俱多爲老陰。三者俱少爲老陽。若兩少一多爲少陰。兩多一少爲少陽。周禮太卜及儀禮士冠賈疏同嵩山僧一行亦曰：三變皆剛，太陽之象；三變皆柔，太陰之象；一剛二柔，少陽之象；一柔二剛，少陰之象。（唐書曆志）蘇子瞻曰：唐一行之學，以爲三變皆少爲老陽，三變皆多爲老陰，三變而少者一爲少陽，三變而多者一爲少陰。沈存中筆談依此說，（案陳禮書亦用之）而朱子從之，誤也。郭雍曰：一行之學，直取三多三少之象以畫奇偶，不復問其數，此與擲錢代蓍無以異，四十九蓍於是直可廢也。此說允當。朱子專與郭氏爲難，曰：先儒舊說，專以多少決陰陽之老少，而過揲之數亦冥會焉。以反復辨，不可獨用過揲。（答郭子和書）不知過揲以象四時一歲之月行也，正數也。掛扐以象閏月行之餘分也，非正數也。然則置過揲而獨取掛扐，不止其數之不合，且理之不可通者矣。況此條明以過揲之策爲言，則可見七八九六之名本諸過揲之數，不得謂之冥會，不得謂專取掛扐也。朱子不察，抑亦賢知者之過矣。

期者，堯典曰：朞三百有六旬有六日。陸績曰：十二月爲一期。正義曰：舉合乾坤兩策有三百有六十，當期之數三百六十日，舉其大略，不數五日四分日之一也。又案乾鑿度曰：歷以三百六十五日四分度之一

爲一歲易以三百六十折當期之日此律歷數也鄭注云歷以紀時律以候氣氣率十五日一轉與律相感則三百六十日粗爲終也

二篇之策萬有一千五百二十當萬物之數也

侯果曰二篇謂上下經也案漢書藝文志曰周易經二卷又曰文王重易六爻作上下篇共六十四卦合三百八十四爻陰陽各半則陽爻一百九十二每爻三十六策合六千九百一十二策陰爻亦一百九十二每爻二十四策合四千六百八策合四千六百八策則二篇之策合萬一千五百二十當萬物之數也

是故四營而成易十有八變而成卦
營者陸績曰營爲也正義曰經營也四營者三變爲
三營三變之後復四四數過揲之策得七八九六此
爲一營四營既畢乃布陰陽老少之爻故曰四營而
成易謂四度營爲而成易之一爻也知必有後之一
營者乾鑿度曰陽得位以九七九七者四九四七也
陰得位以六八六八者四六四八也又曰文王推爻
四乃術數鄭注云爲四營而成由是而生四八四九
四七四六之數此則聖人推爻必以四爲術數不宜
唯三變卽成易也陸績曰分而爲二以象兩一營也

掛一以象三二營也揲之以四以象四時三營也歸奇於扐以象閏四營也諸家多從之不知果然則歸奇於扐者再是爲五營烏得謂爲四營哉來知德何楷以營爲求亦非

成易者謂成一爻何以明之案繫文之例卦爻對言此條亦以成易成卦相對爲言則知易字爲指爻明矣繫又曰天地設位而易行乎其中矣天地設位謂卦也易行乎其中矣謂爻也則知易字爲指爻更爲明白蓋易之名取乎爻之變易故繫辭專以易字屬諸爻如曰六爻之義易以貢曰上下无常剛柔相易

亦可以相證矣。陸績曰：「四度營爲成易之一爻。」《説卦正義》曰：「先儒皆以《繫辭》論用蓍之法云四營而成易，十有八變而成卦者，謂用蓍三扐而布一爻，則十有八變爲六爻也。」据此知先儒古義皆解成易爲成一爻也。漢書律曆志注張晏曰易三揲蓍而成一爻十八變具六爻而成卦自《正義》誤解易字爲一變，而後儒皆沿襲其説，不知以揲蓍一變爲成易，竟是文義之不安者，不可從矣。

八卦而小成。

《乾鑿度》曰：「八卦成列，天地之道立，雷風水火山澤之象定矣。」侯果曰：「謂三畫成天地雷風日月山澤之象。」

此八卦未盡萬物情理故曰小成也按乾坤各三畫六子三索而成故八卦而小成八卦而小成則因而重之爲六十四卦而易道大成亦不待言矣

引而伸之觸類而長之天下之能事畢矣

類者事類也義類也繫又曰其稱名也小其取類也大正與此同蓋引而伸之觸類而長之則發揮旁通可無事理之不可窮者故曰天下之能事畢矣易道之妙用此二語盡之而占筮之道亦唯此二語足以盡之矣故以此結之

問蓍儀第十一

說文外字注曰卜尚平旦（按此蓋通卜筮而言）

漢書張禹傳曰禹見時有變異若上體不安擇日絜齊露蓍正衣冠立筮得吉卦則獻其占如不吉禹爲感動憂色服虔曰露筮易蓍於星宿下明日乃用言得天氣也

白虎通蓍龜篇曰禮三正記曰灼龜以荆以火動龜不以水動蓍何以爲嘔則是也盧抱經曰惠云漢時有露蓍之説是以水動蓍也梁處素云嘔字从口疑揲蓍時以口呴氣其上蓋古人如是

史記日者傳曰卜筮者掃除設筮正其冠帶然後乃

言事此有禮也

博物志曰筮必沐浴齊潔食香每月望浴蓍必五浴之

案朱子筮儀有曰置香爐一于格南執蓍熏於爐上極與以水動蓍之説反又沈腦等香漢以後外域入貢始有之燒香之事唯道家奉仙浮屠禮佛乃有之鳥可以四聖人之易向之於仙佛乎若夫博物志所謂食香之事亦出于後世然意取齊潔則雖禮所未言而稍優於熏蓍之説矣故姑附著之

儀禮曰。筮于廟門之外。士冠禮曰筮于廟門。少牢饋食禮曰。筮于廟門之外。

筮者。以蓍問吉凶于易也。廟者。鄭曰。謂禰廟。疏曰。案昏禮行事皆直云廟。記云。凡行事受諸禰廟。此經亦直云廟。故知於禰廟也。又公食大夫禮及廟門。公揖入。注曰。廟禰廟也。疏曰。儀禮之內單言廟者。皆據禰廟。筮必於廟者。鄭士冠注曰。重以成人之禮。成子孫也。疏曰。易繫辭云。人謀鬼謀。鄭注云。鬼謀。謂謀卜筮於廟門。是也。蓋重其事。故謀諸先祖鬼神也。白虎通曰。筮畫卦。所以必於廟何。託義歸智於先祖至尊。故因先祖而問之也。于門外。不於堂者。鄭曰。爇蓍之靈由⿸广畐神。此說諸儒疑之。陳用之曰、不於堂、避其君也。依郊特牲、卜郊受命於祖廟。作龜於禰宮。龜筴傳、王者發軍行將、必鑽龜廟堂之上。以爲天子諸侯筮於廟堂、大夫士筮於廟門。此尊卑之辨耳。敖繼公曰、明其求於外神也。方苞曰、卜筮外神、故用事於廟門之外。亦尊無二上之義。吳廷華曰、⿸广畐禰所獨、門神所共也。今案卜筮所以傳鬼神之命。筮人就席于門外闑西閾外。猶介者立于賓主之間也。又案筮必於廟。蓍龜藏諸廟。則朱子所謂別爲蓍室之說不足據矣。

主人朝服。士冠曰、玄冠朝服緇帶素韠。特牲曰、冠端玄。少牢曰、朝服。

鄭士冠注曰、筮必朝服、尊蓍龜之道也。案白虎通曰、皮弁素幘。求之於質也。禮曰、皮弁素幘筮于廟門之外少牢疏曰主人朝服者爲祭而筮還服祭服是以特牲筮亦服祭服玄端若爲他事卜筮則異於此孝經注云卜筮冠皮弁衣素積百世同之不改易士冠朝服注云尊蓍龜之道是也

即位于門東西面士冠曰即位于門東西面特牲曰即位于門外西面少牢曰西面于門東

即就也門闑門也東門外之東也旣夕注曰西方神位西面者鄉神位也又白虎通曰問蓍於東方西面以少問老之義

特牲曰子姓兄弟如主人之服立于主人之南西面北上

有司如主人服，即位于西方，東面北上。士冠、特牲曰：有司羣執事如兄弟服，東面北上。少牢曰：史朝服。

士冠注曰：有司，羣吏有事者。案少牢曰：史朝服。史即筮者，有司蓋筮人及羣執事皆是。敖氏曰：有司即筮者、占者、宰、宗人之類。疏曰：左傳云士有隸子弟。吳廷華曰：士受地則有臣，無則隸子弟攝之，如主人服，敬同也。西方，門外之西，東面，鄉主人也。北上，尊者在北也。朱子曰：筮者北面，見儀禮。案儀禮中此文僅見士喪禮，固異于吉，朱子未免失言。王懋竑曰：筮儀之文不類。朱子士冠禮、特牲饋食、少牢饋食禮，筮者皆西面。

惟士喪禮筮宅以不在廟故筮者北面（兼筮宅北面指中封而筮）異于吉也今直云筮者北面見儀禮朱子豈不見儀禮者而疏謬若是耶（懋竑有白田雜著未見此條見錢氏潛研堂集所載傳中）據此筮儀蓋出於後人依託最難信據焉

筮與席所卦者具饌于西塾（士冠）

筮者鄭曰蓍也席者筮席也（與士喪禮卜席同）所卦者蓋卦爻之木及寫卦之版皆是也其物非一故汎言之爾考少牢曰卦以木蓋謂以木爲爻之狀布以作卦如今以小方木爲之者也易釋文引京房曰再扐而後布卦集解引虞翻曰成一變則布卦之一爻據此可

見古人以木爲爻之狀否則烏得謂之布卦乎又荀子王制篇曰鑽龜陳卦揚倞注云謂揲蓍布卦也漢書張禹傳東方朔傳並曰別蓍布卦三國志管輅傳曰輅往見安平太守王基基令作卦又曰清河王經曰近有一怪大不喜之欲煩作卦注引輅別傳曰分蓍下卦梁書阮孝緒傳曰時有善筮者張有道及布卦既搆五爻以上或曰陳卦布卦或曰作卦下卦又曰搆爻皆見以木作之也三國志虞翻傳注引翻別傳曰翻奏曰臣郡吏陳桃夢臣與道士相遇布易六爻撓其三以飲臣臣乞盡吞之道士言易道在天三

爻足矣。此則明是以木爲爻之狀。不然則烏得撓且飲之乎。晉書桓彝傳曰。初彝與郭璞善。嘗令璞筮卦成。璞以手壞之。北魏書陳奇傳曰。奇於易尤長。在獄嘗自筮卦。未及成。乃擘破而歎曰。吾不度來年冬季。此亦明是以木爲爻之狀。不然則烏得有所謂以手壞之與擘破之事乎。又史記日者傳。司馬季主曰。卜者分策定卦。旋式正棊。索隱曰。棊者。筮之狀。正棊。蓋謂下以作卦。考正棊者。蓋卽九宮行棊之法。隋志五行類有九宮行棊經三卷。鄭玄注。房氏九宮行棊法一卷。王琛行棊立成法一卷。宋志禮志曰。郗良遇九宮法。有飛棊立成圖。每歲一移。推九州所主災福事。隨歲改位行棊。謂之飛位。小司馬以爲筮

之狀失之矣然當時明有卦爻之木故其言如此已
愚故嘗謂今所用卦爻之木殆卽隋唐遺制決非苟
作也蓋當筮之時特貴簡便故先用木以記之卦成
則有授受之節故更書之於板也鄭士冠注曰所卦
者所以畫地記爻少牢注曰卦以木者每一爻畫地
以識爻六爻備書於板正義釋之曰古者畫卦以木
又曰以杖畫地此說可疑夫或云以木或云以杖恐
未免憑臆言之也先儒唯方苞知其不安謂士人所
踐蹈畫爻於其上非所以尊筮也又知以木為爻極
為特識然而其說以為蓋以木為小方刻老陰老陽

少陰少陽於其上則恐未然竊謂爻之制與今不甚異蓋每爻唯爲單拆凡十二爻若老陽則以二陽重布之老陰則以二陰交布之卦成之後更分爲前後卦也唐時或以錢代爻乃有重錢交錢單錢拆錢之目見士冠賈疏太卜賈疏唐六典又有單爻拆爻交爻重爻之名愚因有此說極未免臆度冀博雅賜之駁正吳廷華亦以鄭說爲誤謂卦以木木即方板此說木字與下書卦於木正同似矣然而先畫於板又書於方竟所未穩不可從也具者鄭曰俱也毛詩傳文大叔于田節南山又曰饌陳也案詩卷阿疏曰饌謂供置之同義又曰西塾門外西堂也疏曰爾雅云門側之堂謂之塾塾在門外故知

此經西塾門外西堂也。案一門凡四塾。門外爲外塾。門內爲內塾。夾門東西。因謂之東堂西堂。詩緇衣正義引孫炎曰。夾門堂也。郭注同。

布席于門中闑西閾外。西面。士冠

席即筮席。上所饌以藉筮者也。特牲曰。席于門中闑西閾外。注曰。爲筮人設之也。士喪禮曰。席于闑西閾外。注曰。爲卜者也。闑者。注曰。門橛也。古文闑爲槷。按爾雅釋宮。橛謂之闑。蓋門中豎一短木。郝懿行爾雅義疏曰。知橛爲豎木者。莊子達生篇云。吾處身也若厥株拘。釋文引李云。厥。豎也。厥。即橛之省文。東曰闑東。西曰闑西。是孔氏玉藻疏一臬之説也。賈氏聘禮疏以爲門有二臬，其説不同，今從孔釋之。案焦里堂雕菰樓集釋閾，復江艮庭書、復蔣徵仲書，主賈氏説，段氏説文注同，今所不取。一臬之説，見皇侃論語義疏、孔疏所引皇氏即是也。漢書馮唐傳注引韋昭曰門中橛爲闑，穀梁昭八年注曰槷，門中臬，其説蓋同。邢昺、朱子皆主此説，凌曙、郝懿行從之。但鄭注曲禮，有中門棖臬之中央之語，諸儒依之，以爲門之東西各有中，考門中即臬之所在，唯君出入中於門，君入門介拂闑，玉藻爲是也。賓入不中門，玉藻立不中門，論語曲禮辟尊者所從也。此經門中者，以大分言之，見士冠疏云門中闑西者，蓋以見其近於闑，非門之正中也。閾者，鄭曰閫也，疏曰曲禮云外言不入于閫，閫門限，與閾爲一也。闑西閾外者，指陳席處也西面者鄉所尊也特牲曰筮人取筮于西塾士喪禮曰卜人抱龜燋先先者所以導之奠龜西首奠席西神位也鄉之以此準之當是筮人執筮卦者先執席者先布席筮人奠筮于席西神位而鄉之也

筮人左執策右抽上韇士冠曰筮人執策抽上韇少牢曰左執筮右抽上韇

韇者鄭曰藏策之器也今時藏弓矢者謂之韇丸也疏曰韇有二其一從下向上其一從上向下韜之也云今時藏弓矢者謂之韇丸也者此舉漢法爲況亦欲見韜弓矢者以皮爲之故詩云象弭魚服是以魚皮爲矢服則此韇亦用皮也案左傳曰司鐸射懷錦

奉壺飲冰杜曰冰箭筩蓋可以取飲（昭十三年）又曰公徒
釋甲執冰而踞疏引賈注曰冰櫝丸蓋也詩大叔于
田疏引服注同杜曰冰櫝丸蓋或云櫝丸是箭筩其
蓋可以取飲（昭二十五年）冰義與掤同說文掤所以覆矢
也詩曰抑釋掤忌毛詩傳曰掤所以覆矢釋文引馬
曰掤櫝丸蓋也北堂書鈔百廿六引劉楨毛詩義問
曰掤所以覆矢也謂箭筒蓋是也又後漢書南匈奴
傳曰弓鞬韣丸一矢四發遣遺單于注引方言曰藏
弓爲鞬藏箭爲韣丸廣雅曰鞬弓藏也皾䩮矢藏也
以上皆曰覆矢蓋毛義也說文曰韣弓矢韣也今本

方言曰所以藏箭弩謂之箙弓謂之鞬或謂之皾丸並與鄭義同抽上韇見蓍示有事也

兼與筮執之士冠曰兼執之少牢曰兼與筮執之

鄭曰兼幷也義疏曰兼執之者兼上韇與下韇而並執之

進東面受命於主人少牢士冠曰進受命於主人

鄭曰進前也自西方而前受命者當知所筮也疏曰上云卽位于西方故知前向東方受命也

宰自主人之右少退贊命士冠曰宰自右少退贊命特牲曰宰自主人之左贊命

鄭曰宰有司主政教者也自由也贊佐也命告也佐

主人告所以筮也。少儀曰，贊幣自左，詔辭自右。案士冠贊命自右，士喪禮亦曰命筮者在主人之右。注云，命尊者宜由右出也。唯特牲贊命自左。注云由左者爲神求變也。吳廷華直以左字爲誤，未知然否。敖氏曰，鄉者宰亦在有司位，至是乃來主人之右。少退者後于主人也。

主人曰，孝孫某來日丁亥用薦歲事于皇祖伯某，以某妃配某氏，尚饗。少牢

特牲曰，命曰，孝孫某筮來日某，諏此某事，適其皇祖某子，尚饗。左傳衛孔成子欲立公子元，以周易筮之。

曰：「元尚享衞國，主其社稷。」遇屯。又曰：「余尚立縶，尚克嘉之。」遇屯之比。杜云：令蓍辭。昭七年 國語：公子親筮之，曰：「尚有晉國。」得貞屯悔豫。韋云：命筮之辭也。晉語

筮人許諾。士冠、士喪禮、特牲曰：筮者許諾。少牢曰：史曰諾。

右還，即席，坐西面。士冠、特牲曰：還即席，西面坐。少牢曰：西面于門西。

鄭曰：即，就也。東面受命，右還北行就席。還音旋，轉也。東面則南在右，右還者，由南而還之于門西閾外，就門中所布之席也。士冠、特牲坐筮，少牢立筮。鄭曰：卿大夫蓍五尺，立筮。士之蓍短，坐筮，由便也。疏曰：三正記云：天子蓍長九尺，諸侯七尺，大夫五尺，士三尺。案

此文亦見白虎通蓍龜篇。說文同。孔廣森以爲據少牢疏。似三正記亦大戴篇名。大戴禮記補注。不知疏云大戴禮三正記皆有此文。明三正記是別一書。非大戴篇名也。士喪禮。左還北面指中封而筮。異于吉禮。

抽下韇。左執筮。右兼執韇以擊筮。少牢

疏曰。上文已用右手抽上韇。此經又用右手抽下韇。是二韇兼執之也。以擊筮者。鄭曰。將問吉凶焉。故擊之以動其神。易曰。蓍之德圓而神。疏引鄭易注云。蓍形圓而可以立變化之數。故謂之神也。引之者證蓍有神。故擊而動之也。

遂述命曰假爾大筮有常少牢

鄭曰述循也重以主人辭告筮也士喪注曰既受命而申言之曰述假借也言因蓍之靈以問之常吉凶之占繇大音泰尊之之辭曲禮曰凡卜筮日曰爲日假爾泰龜有常假爾泰筮有常少牢筮日不言爲日略也義疏曰假爾大筮有常乃承擊筮而發端之語下乃述命之辭正義謂述命訖乃連言曰假爾大筮有常倒矣士喪禮不述命注曰士禮略疏曰士禮命筮辭有一大夫以上命筮辭有二特牲吉禮亦云不述命故知士吉凶皆不述命非爲喪禮略也

孝孫某來日丁亥用薦歲事于皇祖伯某以某妃配某氏尚饗少牢

此述命也

乃釋韇少牢

此述命訖置所執之韇也

案少牢此下有立筮之文而士冠特牲士喪則竝皆坐是士坐筮大夫以上立筮也漢時天子立筮唐則蓋皆坐筮唐書禮樂志曰筮日則卜正啟韇出筴兼執之受命還席以韇擊筴述命曰假爾大筮有常乃釋韇坐筮執卦以示此其證也

卦者在左坐少牢士冠曰卦者在左特牲同

卦者筮人之貳主布爻書卦者

卦以木少牢

卦者在旁每得一爻布木以記之也

卒筮乃書卦于木少牢士冠曰卒筮書卦特牲曰卒筮寫卦

鄭曰卒已也書卦者筮人以方寫所得之卦也士冠注又曰六爻備書于板疏曰木即板也少牢案聘禮注云方板也疏云方若今之祝板不假連編之策一板書盡故言方板也中庸注云方版也論衡量知篇云斷木爲槧析之爲板刀加刮削乃成奏牘是板牘皆以

木爲之也。方苞云，至此始言書卦，則上文所卦者，謂刻識陰陽老少之木，而非以木畫地明矣。

筮者執以示主人。特牲、士冠曰：執以示主人。少牢曰：示主人。士喪曰：執卦以示命筮者。

寫卦既畢，筮人執之東面進授而示之。經不言進，据下筮人還東面，則亦進而近主人也。

主人受眂反之。士冠、特牲、士喪曰：命筮者受視，反之。

鄭曰：反，還也。疏曰：主人既知卦體，反還與筮人，使占吉凶也。

筮人還東面旅占。士冠、特牲曰：筮者還東面長占。少牢曰：乃退占。士喪曰：東面旅占。

疏曰：筮人既受卦體，還于門西東面。鄭曰：旅，衆也。還與其屬共占之。疏曰：洪範云：三人占，從二人之言。筮時三易並用亦三人各占一易從二三者三吉爲大吉一凶爲小吉三凶爲大凶一吉爲小凶案白虎通曰或曰天子占卜九人諸侯七人大夫五人士三人又尚書曰三人占則從二人之言論衡曰卜筮兆數非吉凶誤也占之不審吉凶吉凶變亂又曰蓋兆數無不然而吉凶失實者占不巧工也此古人重占辭之義也占者繫曰極數知來之謂占又曰以卜筮者尚其占說文曰占視兆問也从卜口考許意蓋讀口爲叩叩即問也論語子罕篇我叩其兩端釋文叩音口發動也學記曰善待問者如撞鍾叩之以小者則

小鳴叩之以大者則大鳴此其證也

卒

占辭定也

吉則史讀筮少牢

藏筮于櫝也筮曰不吉則筮遠日故曰吉則櫝筮

史兼執筮與卦以告于主人吉曰從少牢士冠曰卒進告吉特牲曰卒

告于主人占曰吉

上文筮人還東面至此則又進向門東近主人也注曰從者求吉得吉之言案洪範曰筮從

徹筮席士冠

鄭曰徹去也斂也疏曰席則徹去之筮則斂藏之故
兩訓之也

宗人告事畢士冠特牲少牢

鄭曰宗人有司主禮者疏曰士雖無臣亦有宗人掌
禮比于宗伯故云有司主禮者

乃退少牢

周易古占法卷第三終　受業上田伊藤安儀校字

周易古占法卷第四

海保元備學

說卦逸象第十二

聖人作易。本欲以決天下之疑。成天下之亹亹。使天下之人皆寡過也。夫子慮天下後世。欲開無窮之物。應無窮之變。而易象多義。有象文之辭不能得盡者焉。於是爲作說卦。以廣其義。然後凡其稱名取類。無所不有。而事物之變。易象之多義。皆得以發揮旁通。而窮其理焉。此則說卦一篇。在學易之家。最所宜先治也。但其先亾後得（見隋書經籍志）。不能無缺脫。是以陸氏釋文載荀爽九家逸象，更有三十有一。朱子采入本義。朱子發曰：考之六十四卦，其說若印圈鑰，非後儒所增也。惠定宇易漢學載虞仲翔逸象，則更有三百三十有一，稱仲翔傳其家五世孟氏之學，其授受必有所自。張皋文虞氏義以爲孟氏所著。然則虞氏易說雖或未可盡信也，然而其卦象之傳則確有所受。與九家並列，以附說卦之後，於玩占之道，所裨不更大乎。爰謹奉先儒遺意，具爲表出，以與學者共之。注家異同，略附鄙見，則稱今曰以別之。虞氏象惠張所次，互有出入，亦具注其下焉。

九家逸象 九家，謂荀爽、京房、馬融、鄭玄、宋衷、虞翻、陸績、姚信、翟子玄，見釋文序錄。

釋文曰荀爽九家集解本乾後更有四爲龍子夏傳曰龍所以象
陽也爲直虞氏文言注云陽稱直乾其動也直爲衣項安世曰乾爲衣上服也坤爲裳下服也按繫
曰黄帝堯舜垂衣裳而天下治蓋取諸乾坤爲言朱震曰震聲兌口聲出乎口也所以能言者出于乾
陽也項曰兌之決也震之龍巽之繩兌之口舌皆以乾爻故也坤後有八爲牝張惠言曰陰雌
爲迷虞注曰坤冥爲迷爲方朱曰坤靜而德方案深衣正義引鄭云直也方也地之性爲囊
朱曰坤虛有容也案太玄馴之五曰虛囊大包爲裳左昭十二下之飾也裳爲黄朱曰地之中色
爲帛朱曰帛當在布之下項曰乾爲蠶精而出於震至巽離而爲絲至坤而成帛也惠曰八音離爲絲今
曰帛布之屬左莊廿二杜預注云坤爲布帛張曰布陰功月令仲夏曰毋暴布鄭注云不以陰功干太陽之事
是也爲漿項曰酒主陽漿主陰故坤爲漿坎震爲酒皆乾之陽也震後有三爲王項曰
爲王者帝出乎震也爲鵠吳澄本作鴻爲鼓項曰鵠古鶴字爲鵠爲鼓皆聲之遠聞者也與雷同

 二

攷工記曰凡冒鼓必以啟蟄之日鄭注云驚蟄始聞雷聲而動鼓所取象

巽後有二爲楊 朱項皆作楊朱曰巽爲風輕揚項曰巽稱而隱稱即揚也惠曰巽爲木故爲楊大過枯楊生稊仲翔曰巽爲楊不從手也張曰柔木

爲鸛 項曰鸛水鳥能知風雨者朱曰震爲鸛鶴鶴陽鳥也巽爲鸛鸛陰禽也

坎後有八爲宮 朱以爲宮商之宮項曰宮與穴同象皆外圍土而內居人陷也隱伏也陽在中也今曰說文宮室也坎北故爲室

爲律 惠曰釋言曰坎律銓也樊光曰坎卦水水性平律亦平銓亦平也坎爲平故古刑法議讞之字皆從水又爲律師初六曰師出以律今曰二陰制一陽亦法律之象

爲可 朱曰水可動而動可止而止惠曰可當作河坎爲大川故爲河逸象此老屋河字摩滅之餘故爲可也或云當爲坷說文曰坎坷也古文省作可亦通朱子發解可字多曲說不可從石鼓文何作可可與此河爲可皆古文省

爲棟 項本作棟云當作棟棟在屋中有陽之象焉大過肖坎故爲棟

爲叢棘 朱曰獄也今曰坎險象

爲狐 子夏傳曰坎爲小狐子寶亦云項曰坎爲狐取其心之險也

爲蒺藜 惠曰困坎爲蒺藜

爲

桎梏。項曰：皆物之險而能陷者也。離後有一為牝牛。見本卦、左昭五。純離為牛。項曰：牝柔而牛順，皆坤象也。坤之二五來麗於乾龍戰龍之位。今曰：牛性柔順，附麗於人。艮後有三為鼻。朱曰：傳曰：鼻者面之山。項曰：鼻者天中之山也。惠曰：管寧曰：鼻者艮，天中之山。裴松之案相書謂鼻之頭名為天中，鼻有山象，故曰天中之山也。為虎。吳澄曰：履彖、六三、九四，頤六四，革九五，履革皆無艮，艮不象虎也。項曰：艮主寅，虎，寅獸也。惠曰：案艮之上九丙寅，故項依以為說。京房以坤為虎刑，陸績以兌之陽爻稱虎。先儒解易，皆取二象，不聞為虎也。虎當為膚字之誤也。仲翔注易云艮為膚是也。今曰：說卦艮為黚喙之屬。鄭注云：謂虎豹之屬。虞氏艮為豹，陽剛在外之象。為狐。惠曰：吳澄本作豹，非也。左傳秦伐晉，卜徒父筮之，其卦遇蠱，曰獲其雄狐。蠱艮為狐。項曰：艮為狐，取其喙之黔也。今曰：虞氏艮為穴居，狐穴居之獸。兌後有二為常。惠曰：九家注曰：常，西方神也。朱以為當屬坤，項以為當作商，皆臆說。今曰：周禮注：常，旌旗也。為輔頰。見咸卦。案釋文輔虞作酺，云頰目之閒。毛詩傳云：情好口輔也。楚詞大招靨輔奇牙宜笑

焉只王逸注美女頰有醫輔此輔字皆酺之叚借淮南子醫酺在頰前則好高誘注醫酺者頰上窐也說文面部酺頰車也見說也故爲酺頰

虞氏逸象

乾爲王惠曰乾爲君故爲王爲先王惠無張曰已消則爲先王今曰乾爲先爲王爲明君惠無張曰乾爲大明爲神惠曰陽爲神爲人惠曰康成注乾鑿度曰人象乾德而生又曰太乙常行乾宮降感而生人張曰人得陽以生爲大人惠無爲聖人惠曰九五爲賢人惠曰九二張曰初也今曰文言曰賢人在下位仲翔以爲初爲君子惠曰謂九三三三于三才爲人道爲善人張無惠曰乾爲善爲人故爲善人乾元善之長也爲武人惠曰乾陽剛武春秋外傳曰天事武爲行人張曰乾在戌亥之郊郊外故爲行人也今曰乾爲人天行健行人象爲物張曰精氣爲物爲易惠無張曰乾以易知爲立惠無張曰立天下之大本爲直見九家惠無爲

敬惠曰九三夕惕若厲厲說文引作夤夤敬也左傳成季之生也筮之遇大有之乾曰同復于父敬如君所
是乾為敬也今日周語言敬必及天象天能敬韋昭曰象天乾乾不息為畏張曰敬也亦為威
為嚴惠曰君德威嚴太玄曰地坱而天嚴今日左傳九天威不違顏咫尺杜預曰天鑒察不遠威嚴常在
顏面之前為堅剛惠無張曰威嚴堅剛皆君德今曰雜卦曰乾剛左文五天為剛德為道惠曰
乾為天道之大原出于天故乾為道象傳曰乾道變化為德惠曰乾有四德為盛德惠無張曰
日新之謂盛德為行惠無張曰亦德也為性惠曰天命之謂性為精惠無張曰乾精氣今
曰文言曰純粹精也為言見九家坤獸故乾為言惠無為信張曰天行至信為善惠曰善道
屬陽為揚善惠無為積善張曰自復至乾為積善今曰天積氣故為積善為良惠曰乾善
故良為仁惠無張曰元者善之長為愛張曰仁之德今曰左襄十四天之愛民甚矣為忿
張曰注云陽氣剛武為忿為生張曰萬物資生為祥張曰注云乾善為祥為慶惠曰陽稱慶

爲天休惠無爲嘉惠曰四德亨者嘉之會爲福爲祿爲介福張曰繫注云乾生故吉爲先惠曰坤先迷後得主故乾爲先張曰陽主倡爲始惠曰乾知大始今日彖傳萬物資始文言乾始爲知惠曰乾以易知爲大惠曰陽稱大爲盈張曰陽息爲盈爲茂惠無張曰注云乾盈故茂爲肥惠曰注云乾盈爲肥爲好惠曰賈逵曰好生于陽爲施惠曰陽主施爲利張曰美利利天下與坤爲利異爲清惠曰輕清者爲天爲治惠曰乾元用九天下治爲大謀惠無張曰治國之言爲高張曰天象爲揚惠無張曰舉也陽上升爲宗爲族張曰人本乎祖宗族法天爲高宗惠無張曰尊祖配天爲甲惠曰乾納甲素問曰天氣始于甲爲老惠曰四月乾已老爲舊爲古惠曰周書周祝曰天爲古尚書曰若稽古帝堯鄭注云稽同也古天也爲久張無惠曰不息則久爲大明張曰文言曰大明終始謂日月得天而能久照爲晝張無爲遠惠曰虞注謙彖曰天道遠故乾爲遠爲郊惠曰位西北之郊今曰天

廣遠郊象爲野惠曰與郊同義爲門惠曰乾坤易之門張同今曰天門地戶爲道門今曰乾爲道爲門爲百惠曰乾三爻三十六故百略其奇八與大行之五十同義左傳陳敬仲生周史筮之遇觀之否曰庭實旅百奉之以玉帛天地之美具焉蓋艮爲庭爲實坤爲旅爲帛乾爲百爲玉也爲歲張曰周天三百六十五度四分度之一爲頂惠曰與首同義爲朱惠曰乾爲大赤故爲朱爲衣惠無見九家爲圭惠曰爲玉故爲圭爲蓍惠曰白虎通引禮雜記曰蓍陽之老也爲瓜惠無張曰注云乾圜稱瓜亦木果之屬爲龍惠無見九家

坤爲臣爲順臣惠無爲妣張無惠曰坤爲喪爲母母喪故爲妣爲民惠曰一君二民爲萬民惠無爲姓張曰姓女生也坤爲母爲刑人張無惠曰坤爲刑爲小人惠曰陰稱小爲邑人惠無坤爲國邑爲衆也爲鬼惠曰乾神坤鬼黃帝占以坤爲鬼門爲尸張無惠曰坤爲身爲喪身喪故爲尸爲形惠曰在地成形爲身惠曰釋詁曰身我也張曰坤腹

周易占法　卷四　五

「稱身」為「自」，為「我」，為「躬」。惠曰：釋詁云：躬，身也。張曰：皆身也。為「牝」。惠無，九家「見」。為「母」。惠無。張曰：大指此蓋因「坤為母」，而借「兼震艮之象」。案：咸「咸其母」，注云：母，足大指也。釋文：子夏傳作「跗」。為「至」。惠曰：至哉坤元。為「安」。惠曰：坤「主靜」故安。左傳畢萬「筮仕」，「遇屯之比」，辛廖「占之」，曰：安而能殺。杜預以為坤安震殺也。月令晏陰，鄭注云：陰稱「安」。為「康」。張云：注云：安也。為「富」。惠曰：大戴禮誥志曰：地「作富」。為「財」。惠曰：禮運曰：天「生時」而地「生財」。為「積」，為「聚」，為「重」，為「厚」。惠曰：厚「德載」物。為「萃」。惠無。張曰：地「生」萬物。為「基」。張無。案老子曰：高「以下為」基。為「致」。張曰：馴「致其道」。為「用」。張曰：物致役。為「包」。張曰：地兼載。為「寡」。張曰：陰消，故寡。為「徐」。張曰：舒徐，亦柔道。為「營」。張曰：營求陰道。為「下」。惠曰：地下。為「容」。惠無。張曰：「猶包」也。為「裕」。張曰：注云：坤弱為「裕」，今曰亦含容之德。象傳曰：含弘光大。為「虛」。惠曰：坤消為「虛」。太玄曰：陽道常饒，陰道常乏，陰陽之道也。為「書」。惠曰：地事文，故為「書」。坤為「文」也。為「邇」，為「近」。惠曰：法言曰：近「如」地。為「疆」。惠無。張曰：即方也。為「无疆」。惠無。張曰：

應地无疆。為思。張曰思曰睿五事配土。為惡。惠曰貫達曰惡生于陰。為理。惠無張曰文理
也坤為文有文則理。為體。張曰正位居體曰即身也惠無。今為禮。為義。惠曰周書曰地道曰
義乾鑿度曰靜而理曰義。地為事。惠曰六三或從王事京房云陰為事張曰發於事業。為業。為
大業。張曰富有之謂大業。為庶政。惠曰坤眾故為庶發于事業故為政。坤為俗。惠無張曰
注云坤陰小人柔弱為俗。為度。惠無張曰事之法。為類。張曰方以類聚。為閉。惠曰坤閉戶故
閉。為藏。惠無今曰坤萬物所歸藏。地為密。張曰坤故稱密。閉為默。張曰密也。亦為
心聦。張曰坤過故聦。為欲。張曰注云坤陰吝嗇為欲。為過。惠曰積故為過。惡為醜。惠曰坤為
夜太玄夜以醜之詩中冓之言言之醜也薛君章句中冓中夜。為積惡。張曰自姤坤為積惡。至為
惡。張無惠曰惡道屬陰春秋傳曰惟正月之吉慝未作謂建巳之月惡未作也是知陰為惡。為迷。惠無
見家。九為殺。張無。為亂。為弒父。惠無皆積惡象。為怨。為害。張曰皆陰慝也。為

「遏惡」惠無張曰坤疑乾則遏惡爲「終」張曰地道无成而代有終爲「永」張無惠曰坤用六利永貞
爲「永終」惠無張曰用六永貞爲「敝」爲「窮」惠無張曰皆盡也亦終意爲「死」爲「喪」爲
「冥」爲「晦」惠曰月晦于坤張曰月无光爲「夕」爲「莫夜」張曰注云坤冥爲莫夜爲「喪」
期張無爲「暑」惠曰冬至復初九乾也稽覽圖曰冬至之後三十日極寒故乾爲寒夏至姤初六坤也稽
覽圖曰夏至之後三十日極暑故坤爲暑爲「乙」惠曰坤納乙爲「年」張曰日周天爲歲陽也月十二
會爲年陰也爲「十年」張曰坤癸數十爲「戶」張曰乾爲門坤爲戶陰陽大小異名爲「盍」惠曰
與闔同爲「闔」「戶」惠曰繫辭爲「閉」「關」惠無張曰注云坤闔爲閉關爲「土」爲「積土」
惠無爲「階」惠無張曰古者土階積土也爲「田」張曰注云坤二稱田爲「邑」爲「國」爲「邦」
惠曰坤爲土爲民民以土服故爲國爲邦爲「大邦」爲「萬國」惠無張曰坤數衆爲「異邦」
惠無張曰不同於乾也爲「方」惠無見九家爲「鬼方」惠曰爲鬼爲方故爲鬼方爲「裳」見九

家爲綏。惠無張曰韠也裳類。爲車。惠無張曰即大轝。爲輹。張曰車伏兔所以載輿惠作輻
曰爲大輿故爲輻。爲器。惠曰形而下者謂之器。爲缶。惠曰坤土。爲囊。見九家。爲虎。
惠曰京房易坤爲虎刑張曰虎殺物而有文坤象也。爲兕。惠無張曰牛屬。爲黃牛。今曰黃地之色。
坤柔順故爲黃牛。爲牝牛。惠無。
震爲帝。惠曰帝出乎震。爲主。惠曰主器。爲諸侯。惠曰漢司徒丁恭曰古者帝王封諸侯不
過百里故利以建侯取法于雷逸禮王度記曰諸侯封不過百里象雷震百里。爲人。張曰體乾元人以生。
爲行人。張無惠曰爲行爲人故爲行人。爲士。惠曰震初元士。爲兄。張曰長男。爲夫。惠曰
晉語司空季子論之震曰一夫之行也韋昭云一夫一人也震一索而得男故曰一夫。爲元夫。今曰
即長男。爲行。惠曰韋昭曰震爲作足故爲行晉語曰一夫之行也。爲趾。張曰注云震足爲趾。爲
出。張曰陽出。爲征。惠曰猶行也。爲逐。惠曰震爲驚走故稱逐。爲作。惠曰東作之義震爲

作足作起也震起故爲作爲興張無惠曰猶起也爲奔張無爲奔走張無爲驚走

惠無張曰動也爲驚衞張曰震驚虩虩爲定惠無張曰注云震專爲定爲百惠曰論語讖曰

雷震百里聲相附宋均注雷動百里故因以制國也鄭炎封事曰或曰雷震驚百里何以知之炎曰以其數知

之夫陽動爲九其數三十六陰靜爲八其數三十二一陽動二陰故曰百里爲言爲講論爲

議爲問爲語爲告惠曰震善鳴故有諸象爲嚮張曰荅也爲聲惠無爲音

惠曰震爲鼓故爲音爲鳴惠無爲應張曰皆震聲惠曰同聲相應鄭注曲禮曰雷之發聲物無不同

時應者爲交張曰乾交坤自震爲懲張曰以乾正坤故爲懲今曰亦震聲象爲反張曰

剥窮上反下爲後惠曰爲長子故爲後爲世張無惠曰世子爲後世惠無張曰長子繼世

爲從惠曰春秋傳太子曰冢子君行則守有守則從故爲從張曰後故從爲守惠曰守宗廟社稷

爲左惠曰震爲卯卯爲左爲生惠曰震春爲生爲常惠無張曰世守故常爲緩爲寬

仁惠曰太玄曰三八為木性仁情喜震為春春主仁樂緯稽耀嘉曰仁者有惻隱之心本生于木注云生于木故惻隱于自然也出為樂惠曰春秋繁露曰春蠢也蠢蠢然喜樂之貌張曰陽出於地物皆和樂故樂春象為笑本卦為大笑惠無為喜笑為笑言惠曰之聲樂為道惠無張曰路也即塗亦為道德大為陵惠曰震為阪生阪陵阪曰艮三爻下故為陵與張為祭惠曰主祭為鬯惠曰長子主祭器張曰鬯以鬱和鬱震草屬也為禾稼惠無張曰阪生也為白穀惠曰為百為稼故為百穀為草莽惠曰太玄曰為草張曰萑葦之屬為鼓惠無象雷聲見九家為筐惠曰服虔曰震為竹竹為筐為馬惠無張曰體乾健動為麋鹿惠曰麋鹿善驚震驚之象

巽為命本卦為命令惠無為號令惠無為教令惠無為誥見姤卦張曰巽震同聲相應陰宣陽命故巽為命令今曰詩序曰風風也教也為號為號咷惠無張曰雷風同聲

震陽笑言。張曰：陰號呼。爲處女。惠無。張曰：巽伏處，又長女。爲婦。爲妻。今曰：皆長女象。爲商。惠曰：巽近利市三倍，故爲商。爲隨。張曰：陰隨陽。爲入。惠無。爲處。爲入伏。惠無。爲歸。張無。爲利。惠曰：近利市。爲齊。惠無。爲同。惠曰：齊乎巽，齊同也。爲交。張曰：坤交乾自巽。爲進。爲退。惠無。張曰：即進退也。爲舞。惠無。張曰：象風。爲谷。惠無。張曰：坎水半見於下。爲長木。惠無。張曰：巽又長也。爲苞。惠無。張曰：木之柔者。爲楊。惠無。九家見。爲木果。惠無。張曰：有果之木。爲茅。惠無。張曰：柔白爲茅。巽爲白。爲白茅。爲蘭。惠無。張曰：巽爲臭，草臭莫如蘭。爲草莽。爲草木。惠曰：剛交爲木，柔爻爲草。爲杞。惠無。張曰：杞柳。爲葛藟。惠無。張曰：注云巽爲草莽，稱葛藟。爲薪。張曰：草木。爲庸。張曰：城墉也。巽爲高，爲伏，高而可入，伏城墉之象。爲林。張曰：所以處。注云：巽木爲林。爲帛。張曰：帛，陰功布之屬。巽體坤而柔白，故爲帛。爲桑。張無。爲繩。惠無。張曰：爲繩直，故亦爲繩。爲腰帶。惠無。今曰：亦繩象。爲繘。惠無。張曰：

汲水索注云巽繩爲繘。爲蛇。惠曰在巳位。爲魚。張曰震陽爲龍巽陰爲蛇爲魚。爲鮒。惠無。張曰小魚。

坎爲聖。惠無。張曰體乾九二今曰聖。通知之稱。象坎爲耳。又五行以智屬水。京房班固蕭吉朱子皆云。

爲雲。爲玄雲。張曰乾注云上坎爲雲。下坎爲雨。玄天色。爲川。惠無。爲大川。爲河。惠無。張曰溝瀆一也。爲心。惠無。張曰坎得乾中爻乾之心也。爲志。惠曰心志一也。爲思。爲慮。爲憂。並惠無。張曰即加憂。爲謀。惠曰洪範謀屬水。釋言曰謀心也。張曰聰作謀。坎主耳也。爲惕。惠曰加憂爲惕。爲疑。爲艱。惠無。爲恤。爲逖。惠曰恤逖皆憂也。爲悔。惠曰坎心爲悔。爲忌。惠無。張曰皆心之屬。爲勞。惠無。張曰勞卦也。爲濡。惠無。張曰栗弱也水德。爲涕洟。張曰坎爲水加憂故爲涕洟。爲眚。惠無。張曰陽陷陰中故眚不必釁矣。爲疾。爲疾病。惠無。爲疾厲。惠無。爲疑疾。惠無。爲災。爲破。爲罪。爲悖。爲欲。惠曰坎水爲欲。爲淫。惠曰。注云。坎水爲淫。爲罰。惠無。爲獄。惠曰。坎爲叢棘。故爲獄。張曰。皆法也。爲寇盜。惠無。張曰。即盜。爲暴。惠曰。坎盜爲暴。爲毒。張曰。害也。爲瀆。惠曰。煩瀆之瀆。張曰。亂也。皆心多眚。爲虛。張無。爲孚。張曰。注云信也。水不失信。爲平。惠曰。水性平。爲則。惠曰。法則。爲經。惠曰。六經之經。張曰。六經。法則也。爲法。惠曰。見左傳。太玄曰。一六爲水。類爲法。張曰。法平如水。今曰。九家。坎爲律。左宣十二。師出以律。有律以從已也。杜注。坎爲法象。爾雅。坎律銓也。郭注。易坎卦主法。爲習。張曰。習坎。注云。習常也。常水之德。爲後。張無。爲入。爲內。張曰。納也。坎萬物之所歸。故爲入爲內。爲聚。張曰。水會聚。爲美。張無。惠曰。坎爲美脊。故美。爲要。張曰。要腎水藏。爲臀。張曰。隱伏。有穴。故爲臀。爲膏。惠曰。坎雨稱膏。太玄曰。類爲膏。注云。潤萬物也。爲陰夜。惠曰。坎月夜。張曰。子中。爲歲。惠無。張曰。歲始冬至。爲三歲。惠曰。坎上三歲不覿。今曰。坎上六曰。三歲不得。困初六曰。三歲不覿。爲酒。張曰。水類。爲鬼。張無。惠曰。大玄曰。類爲鬼。范望注云。陰所聚也。爲

「尸」。惠無。張曰：坤之鬼，乾之尸。爲「叢木」。惠無。爲「叢棘」。見九家。惠作「蘩」。爲「蒺蔾」。惠無。見九家。爲「棘匕」。惠無。張曰：棘爲之。爲「穿木」。惠曰：桎梏爲穿木。張曰：坎完震木。爲「校」。惠曰：桎梏之類。張曰：桎梏穿木也。爲「弧」。爲「彈」。張曰：弓也。皆爲「木」。惠無。張曰：堅多心也。爲「車」。惠無。張曰：多眚也，亦爲「牙車」。爲「馬」。惠無。張曰：脊等是也。美爲「脊」。惠無。張曰：陽在中爲脊，不獨馬矣。

離爲「黃」。惠曰：六二。張曰：坤之中色。爲「女子」。惠無。張曰：中女。爲「婦」。惠無。張曰：大腹妊身，今曰中女爲婦。故爲「孕」。惠曰：爲大腹，故爲孕。爲「惡人」。惠無。張曰：離在四爲惡人。爲「見」。惠曰：相見乎離。爲「飛」。惠曰：鳥體飛。張曰：離南方朱鳥。爲「爵」。惠無。張曰：位也。古者爵位取義於爵，酒爵之義，又取爵之鳴節節足足，則亦飛鳥之義。今曰：離文明，故爲位；中虛受物，故又爲酒爵。爲「日」。惠無。張曰：晝也。爲「明」。惠曰：嚮明而治。張曰：日光。爲「光」。爲「甲」。惠曰：日出甲上。爲甲冑，故爲甲。爲「戎」。惠曰：戎兵戎器。

爲折首。惠無。張曰：離上文象。爲刀，爲斧，爲資斧，爲矢，爲黃矢。惠曰：馬王亦云離爲矢，見釋文。離爲黃，故又爲黃矢。張曰：戈兵之屬。爲飛矢。惠無。爲罔，爲罟。惠曰：罔罟取諸離。爲甕，爲瓶。惠曰：皆中虛之象。張曰：離火燒坤土，大腹之象。爲鶴，爲鳥，爲飛鳥，爲隼。惠無。爲鴻。惠無。

艮爲弟，爲小子。張曰：少男。爲君子。惠無。爲賢人。惠曰：九三。張曰：體乾三。爲童，爲童蒙。惠無。爲童僕。張曰：少男。亦爲官。張曰：賢人。爲友。張曰：與兑爲友。爲閽。惠無。張曰：即閽寺。爲時。張曰：艮成終成始，故爲四時。今曰：艮象曰：時止則止，時行則行，動靜不失其時。爲斗。張曰：斗建四時。爲星。惠無。爲沫。張曰：沫，小星，皆斗屬。爲霆。惠無。張曰：雷自上反。爲果。惠無。張曰：決也。成終始，故果。爲慎。張曰：陽小，故慎。爲順。張無。惠曰：艮爲弟，善事兄弟，故爲順。古文慎順通。爲節。惠無。張曰：亦慎義。爲待。張曰：止待之。爲制。惠無。張曰：注云：艮手止稱制。爲執。惠曰：爲手，故爲執。張曰：即拘也。爲小。惠無。張曰：陽小。爲多。惠曰：艮多節，故爲多。爲厚。張曰：山所生物廣。爲取。惠無。張曰：注云艮手爲取。爲舍。惠無。張曰：道也，手止稱舍。爲求。惠曰：艮兑同氣相求，故爲求。今曰：求亦取之義。爲篤實。惠曰：見大畜彖。張曰：慎而厚，故篤實。爲道。惠曰：爲徑路，故爲道。爲穴居。張曰：山穴也，亦象入坎下。爲石。惠無。張曰：即小石。爲城。爲宮室。惠曰：門闕宮象。爲門庭。惠曰：杜預注左傳曰：艮爲門庭。爲廬。爲牖。爲居。張曰：皆門闕之屬。爲舍。張無。惠曰：與居同義。爲宗廟。爲社稷。張曰：艮乾上宗廟文，成終成始，故爲宗廟、爲社稷。今曰：艮爲鬼門，鬼神所居。爲鼻。見九家。張曰：山澤通氣，山虛受澤，故爲鼻。惠無。爲肱。張曰：手也。爲背。張曰：注云艮爲多節，故稱背。爲腓。惠無。張曰：二爻象注云：巽長爲股，艮小爲腓，蓋以咸二應五巽得象。爲皮。惠曰：艮爲膚，故爲皮。爲膚。惠無。張曰：乾爲骨，坤爲肉，艮乾三覆坤在肉之外，故爲皮膚。今曰：象陽在肉外。爲小木。惠無。張曰：堅多節之木恆小。爲碩。張曰：碩果也。爲碩果。惠曰。剝卦。張曰。即果蓏也。乾上故碩。爲豹。惠無。今曰。九家。艮爲虎。爲狼。爲小狐。張曰。皆黔喙之屬。艮小故小狐。今曰。九家。艮爲狐。爲尾。張曰。黔喙之屬多長尾。兌爲妹。惠無。張曰。少女。爲妻。惠無。張曰。艮妻。爲朋。惠曰。二陽爲朋。爲友。惠曰。明友講習。爲講習。惠無。今曰。兌爲口也。爲刑。爲刑人。惠曰。兌秋爲刑。張曰。即毁折。爲小。爲少。惠無。張曰。幼也。兌少女。爲密。張曰。艮慎兌密。同氣。爲通。惠無。張曰。山澤通氣。爲見。惠曰。見雜卦。仲翔曰。兌陽息二。故見。爲右。惠曰。兌在酉。酉右也。爲下。惠無。張曰。澤下也。爲少知。張曰。乾爲知。兌未成乾。爲少知。爲契。惠無。張曰。刻木兩書一札。同而別之。兌爲附決。連附而分之象。

案右虞氏取象共四百七十九。見惠氏所載者三百三十一。餘百四十八。見張氏所次中。見九家者十。惠有而張無者二十。惠謂雖大略本諸經。然其授受必有所自。非若後世鄉壁虛造。漫無根據者也。此言是也。故愚於易。不甚主仲翔。而特拳拳有取乎其象。以爲必得之於周秦以來所傳。確存先民遺意。蓋不疑也學者善讀說卦。又能熟復九家及虞氏象。於玩占之道。庶乎其不差矣。

又案朱彝尊經義考引吉安府志曰。龍仁夫字觀復。永新人。官湖廣儒學提舉。著周易集傳十八卷。謂雜卦爲古筮書。春秋傳所引。屯固比入。坤安震殺。皆以一字斷卦義。此類是也。孔子存之。以爲經羽翼。初非創作。其言先儒所未發。四庫全書提要亦謂。其說似創而有本，故愚嘗作說卜考，又作雜卦考，以爲雜卦一篇在學易之家所宜先講究也。學者考之於余之諸書，其亦庶乎其可也。

又案北齊書儒林權會傳曰：會每爲人占筮，小大必中，但用爻辭彖象以辨吉凶，易占之屬都不經口。愚謂學者欲復古周易占法，亦當以經及十翼之言參伍錯綜之，以求其說可也。漢儒所傳納甲世應等說，宜置之不論，而況後世術家悠謬之談乎？固宜一掃廢之可也。

圖翼第十三

六十卦用事之月

十一月　未濟　蹇　頤　中孚　復

十二月　屯　謙　睽　升　臨

正月　小過　蒙　益　漸　泰

二月　需　隨　晉　解　大壯

三月　豫　訟　蠱　革　夬

四月　旅　師　比　小畜　乾

五月　大有　家人　井　咸　姤

六月　鼎　豐　渙　履　遯

七月　恒　節　同人　損　否

八月　巽　萃　大畜　賁　觀

九月　歸妹　无妄　明夷　困　剝

十月　艮　既濟　噬嗑　大過　坤

案以上十二月用事之卦。見稽覽圖。曰每歲十二月。每月五卦。卦六日七分。每期三百六十五日四分日之一。五日四分日之一。舊作六日每四分。今依聚珍板注改。唐一行卦候議曰。十二月卦。出於孟氏章句。其說易本於氣。而後以人事明之。京氏又以卦爻配朞之日。坎離震兌。其用事自分至之首。皆得八十分日之七十三。頤晉井大畜。皆五日十一分。餘皆六日七分。止於占災眚與吉凶善敗之事。唐書曆志蓋坎離震兌用事於分至之首。震主春分。離主夏至。兌主秋分。坎主冬至。乾鑿度是類謀通卦驗魏書律曆志又謂之四正卦。稽覽圖是類謀鄭乾鑿度注稽覽圖注魏書律曆志又謂之四時卦。稽覽圖又謂之方伯卦。薛瓚漢書注引京房鄭稽覽圖注魏書正光曆又謂之方伯監司之官。漢書孟康注餘六十卦。直三百六十日。每卦六日七分。惟頤晉井大畜皆五日十四分。較他卦少七十三分。此所少之數。即四正卦用事之分數也。又未濟、屯、小過、需、豫、旅、大有、鼎、恆、歸妹、艮、各內卦主前月。外卦主本月。如未濟內卦主十月。外卦主十一月是也。此說也。自荀爽京房馬融鄭玄虞翻干寶諸家皆据以解經而最大備於唐孔氏矣朱子雖不信之然史繩祖奉朱學而其著學齋佔畢仍用此說以解節彖矣四庫全書提要曰漢易之不可訓者在於雜以讖緯推衍禨祥至其象數之學則去古未遠授受具有端緒故王弼不取漢易而解七日來復不能不仍用六日七分之說此言允當惠定宇易漢學錢曉徵易荅問有說頗詳及沈大成學福齋集又載喬餠城卦氣攷略序皆先獲我心者矣學者宜并攷焉

分卦直日法

乾鑿度曰，以卦用事，一卦六爻，爻一日，凡六日。七分歸閏。

稽覽圖曰，卦有六爻，爻別主一日。

漢書京房傳孟康注曰，分卦直日之法，一爻主一日。

後漢書朗顗傳，顗上書曰，正月三日，至于九日，三公卦也。注云，凡卦法，一爲元士，二爲大夫，三爲三公，四爲諸侯，五爲王位，六爲宗廟。前書音義云，分卦直日之法，一爻主一日，即三日九日，並爲三公之日也。

案一爻一日一卦六日七分自鄭康成以下皆用此說以解七日來復則京房朗顗所傳未始非經之本旨也又案顗所謂正月三日至乎九日三公卦者謂此六日漸卦用事（說本錢曉徵）卦氣之說四正爲方伯中孚爲三公復爲天子屯爲諸侯謙爲大夫睽爲九卿升還從三公周而復始（魏書律曆志）是漸爲三公卦也注以爲三公之爻失之矣然一爻一日六爻凡六日終而復始則初爲七日二爲八日三爲九日蓋直日之定法爲先儒相傳之說也

鄭氏爻辰圖

乾坤六位

坤		乾	
巳	四月	戌	九月
卯	二月	申	七月
丑	十二月	午	五月
亥	十月	辰	三月
酉	八月	寅	正月
未	六月	子	十一月

馬融乾初九注云。初九建子之月。何妥文言注同。鄭貫注云。九三位在辰。明夷注云。九三辰在辰。困注云。四爻辰在午。比注云。初六爻辰在未。困初六注同。明夷注云。

六二辰在酉。中孚注云。六三辰在亥。坎注云。六四爻辰在丑。秦注云。五爻辰在卯。坎上六注云爻辰在巳。坤文言注云。上六爲蛇。

韋昭國語注云。十一月曰黃鍾。乾初九也。正月曰大蔟。乾九二也。三月曰姑洗。乾九三也。五月曰蕤賓。乾九四也。七月曰夷則。乾九五也。九月曰無射。乾上九也。十二月曰大呂。坤六四也。二月曰夾鍾。坤六五也。四月曰中呂。坤上六也。八月曰南呂。坤六二也。十月曰應鍾。坤六三也。

蓍圓卦方圖

一而統之以六為七則圓

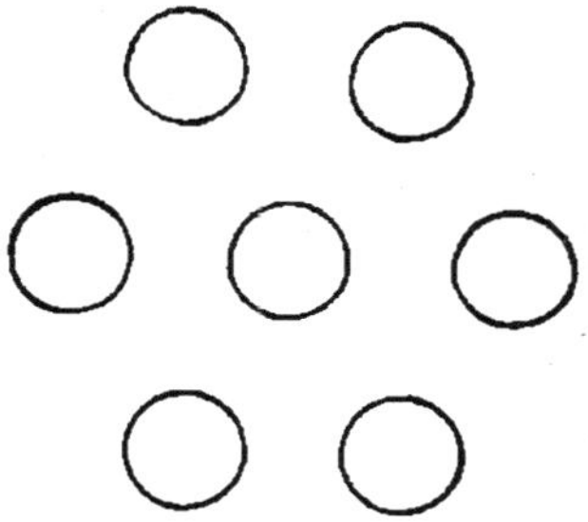

七而七之為四十九猶圓

案鄭君曰：蓍形圓，而可以立變化之數，故謂之神。及愚謂蓍數本唯四十有九，非五十策者，觀此益明。

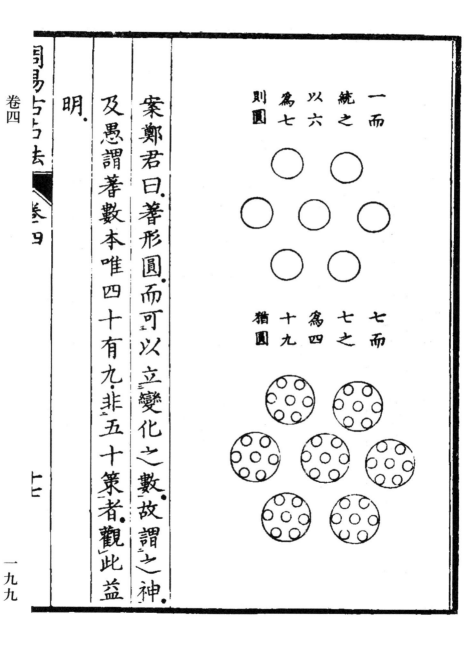

八而八之爲六十四乃方

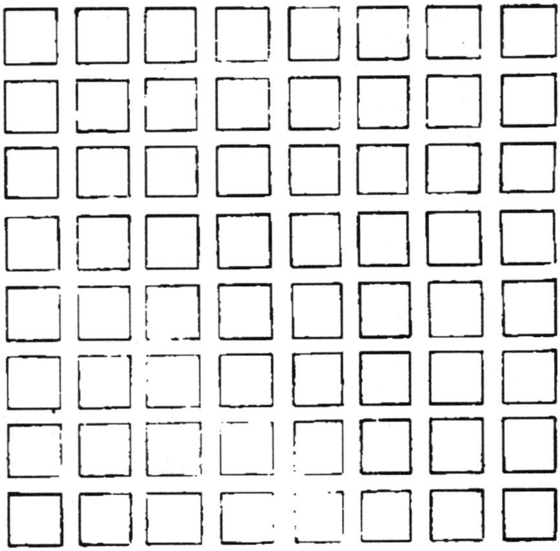

三畫八卦但爲小成必重之至六十四卦而後爲大成以此

案蓍形圓，則卦形方，可知矣。觀此，愚所謂八者識卦之名，亦益明。二圖見何氏楷古周易訂詁。

筮于廟門之圖

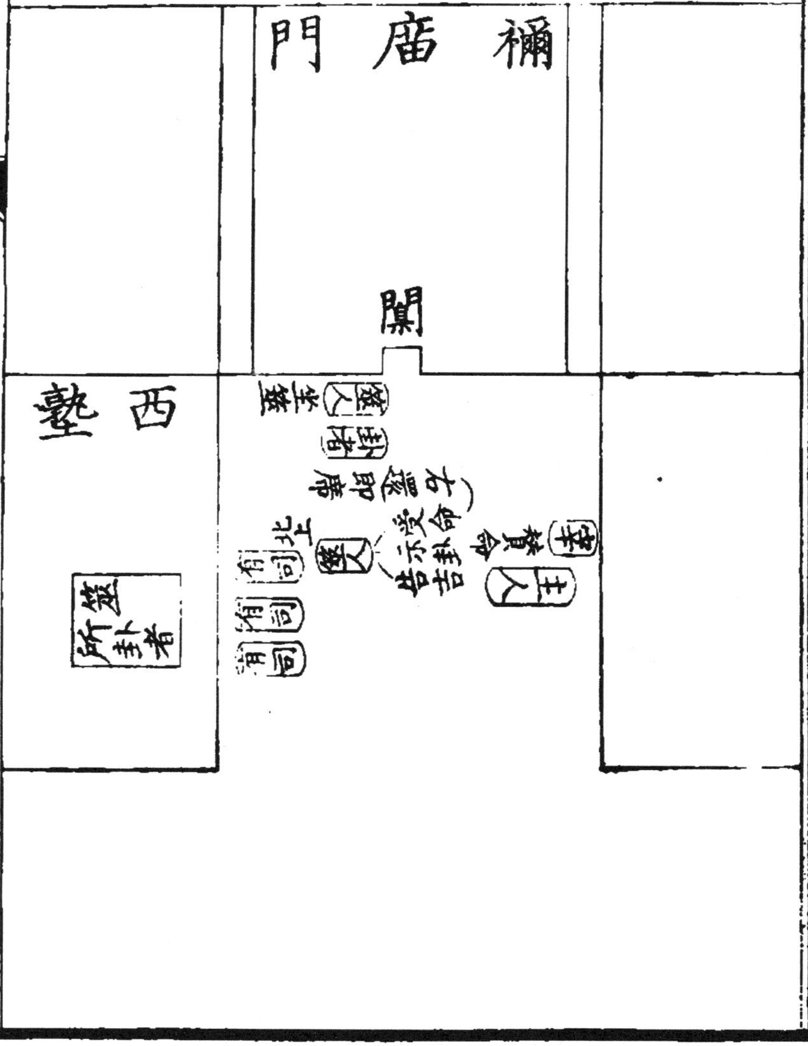

筮日圖

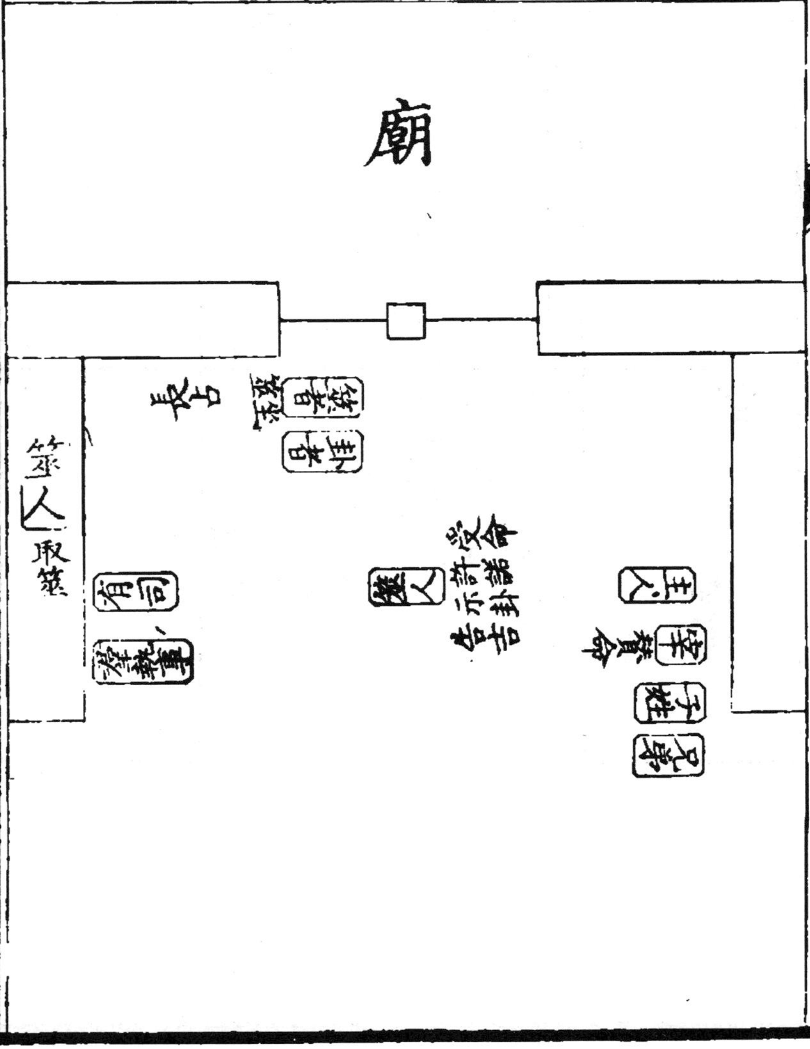

右二圖見楊氏復儀禮圖通志堂本元板俱有誤

今依朝鮮本校正

蓍櫝

右聶氏三禮圖陳氏禮書並同

畫爻木

右三禮圖　右禮書

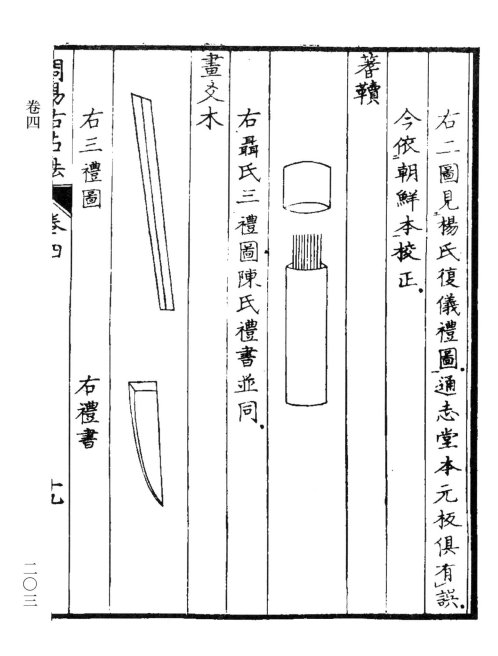

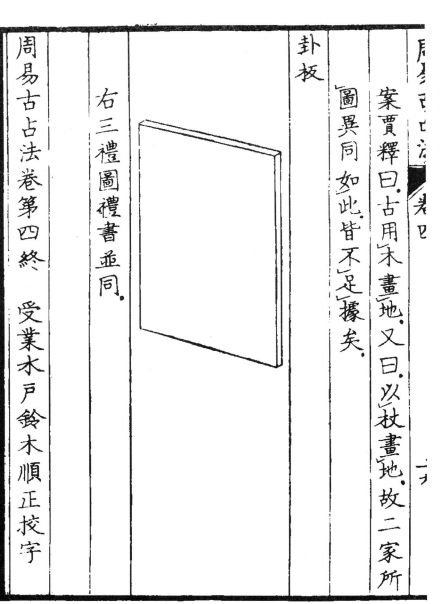

案賈釋曰。古用木畫地。又曰。以杖畫地。故二家所圖異同如此。皆不足據矣。

卦板

右三禮圖禮書並同。

周易古占法卷第四終　受業水戶鈴木順正挍字

跋

是書本件繫先儒說次第爲之辨頗傷於庬雜遂改之蓋如明韓邦奇季本楊慎何楷輩皆知疑朱說者矣顧其爲說率不過憑臆言之已他如清毛奇齡汪琬全祖望等之論左傳諸筮譊譊辨議互持一說而核之古義終未合也乃知此類皆宜不置喙者矣矧余插架無多搜攬竟少諸所證引大抵係從二三君子借鈔之則其掛一漏百固所不免而尚何敢自謂通各家之異同疏後學之疑滯乎惟是一得之愚不忍棄去姑妄筆之以藏諸篋衍爾所引各書有雖顯然誤字且仍其舊者如

易例所云賈公彥之周禮太史疏是也又有繕寫既成雖知脫漏不及追補者如引乾鑿度若之一也之字依下卷及玉海刪而却脫下卷字是也若夫蓍策長短卦版制度等別見拙著易說茲不復贅漁邨山人

木村嘉平鐫

周易便覽

［日］小池貞景　撰

周易便覽

一蔀　二十歳カ

一紀　一千五百二十歳

一元　三紀四千五百六十歳

周易便覽

小池貞景編輯

易學由來第一

繫辭傳云。古者包犧氏之王天下也。仰則觀象於天。俯則觀法於地。觀鳥獸之文與地之宜。近取諸身。遠取諸物。於是始作八卦。以通神明之德。以類萬物之情。作結繩而爲網罟。以佃以漁。蓋取諸離。包犧氏沒。神農氏作。斲木爲耜。揉木爲耒。耒耨之利。以教天下。

【柝】他落反孟子抱關擊柝○夜行所擊者

蓋取諸益日中爲市致天下之民聚天下之貨交易
而退各得其所蓋取諸噬嗑神農氏沒黃帝堯舜氏
作通其變使民不倦神而化之使民宜之易窮則變
變則通通則久是以自天祐之吉无不利。黃帝堯舜
垂衣裳而天下治蓋取諸乾坤刳木爲舟剡木爲楫
舟楫之利。以濟不通致遠以利天下蓋取諸渙服牛
乘馬引重致遠以利天下蓋取諸隨重門擊柝以待
暴客蓋取諸豫斷木爲杵掘地爲臼臼杵之利。萬民

以濟蓋取諸小過。弦木爲弧剡木爲矢弧矢之利。以威天下蓋取諸睽。上古穴居而野處後世聖人易之以宮室上棟下宇以待風雨蓋取諸大壯。古之葬者。厚衣之以薪葬之中野不封不樹喪期无數。後世聖人易之以棺槨蓋取諸大過。上古結繩而治後世聖人易之以書契百官以治萬民以察蓋取諸夬○又云。易之興也。其於中古乎。作易者其有憂患乎。是故履德之基也。謙德之柄也。復德之本也。恒德之固也。

稱謀也

損德之修也。益德之裕也。困德之辨也。井德之地也。
巽德之制也。履和而至。謙尊而光。復小而辨於物。恒
雜而不厭。損先難而後易。益長裕而不設。困窮而通。
井居其所而遷。巽稱而隱。履以和行。謙以制禮。復以
自知。恒以一德。損以遠害。益以興利。困以寡怨。井以
辨義。巽以行權。○又云易之興也。其當殷之末世。周
之盛德邪。當文王與紂之事邪。是故其辭危。危者使
平。易者使傾。其道甚大。百物不廢。懼以終始。其要无

咎。此之謂易之道也○又云子曰。作易者其知盜乎。易曰負且乘致寇至負也者小人之事也乘也者君子之器也。小人而乘君子之器盜思奪之矣上慢下暴盜思伐之矣慢藏誨盜冶容誨淫易曰負且乘致寇至盜之招也。

易道第二

繫辭傳云易與天地準故能彌綸天地之道仰以觀於天文俯以察於地理是故知幽明之故原始反終

故知死生之說精氣爲物游魂爲變是故知鬼神之
情狀與天地相似故不違知周乎萬物而道濟天下
故不過旁行而不流樂天知命故不憂安土敦乎仁
故能愛範圍天地之化而不過曲成萬物而不遺通
乎晝夜之道而知故神无方而易无體○又云子曰
易其至矣乎夫易所以崇德而廣業也知崇禮卑崇
效天卑法地天地設位而易行乎其中矣成性存存
道義之門○又云夫易彰往而察來而微顯闡幽開

周易便覽

而當名辨物正言斷辭則備矣其稱名也小其取類
也大其旨遠其辭文其言曲而中其事肆而隱因貳
以濟民行以明得失之報○又云易有聖人之道四
焉以言者尚其辭以動者尚其變以制器者尚其象
以卜筮者尚其占是以君子將有爲也將有行也問
焉而以言其受命也如嚮无有遠近幽深遂知來物
非天下之至精其孰能與於此參伍以變錯綜其數
通其變遂成天地之文極其數遂定天下之象非天

○易道　八四

研猶審也　幾音機微也

下之至變其孰能與於此易无思也无爲也寂然不動感而遂通天下之故非天下之至神其孰能與於此夫易聖人之所以極深而研幾也唯深也故能通天下之志唯幾也故能成天下之務唯神也故不疾而速不行而至子曰易有聖人之道四焉者此之謂也○又云子曰夫易何爲者也夫易開物成務冒天下之道如斯而已者也是故聖人以通天下之志以定天下之業以斷天下之疑是故蓍之德圓而神卦

之德方以知。六爻之義易以貢。聖人以此洗心退藏
於密吉凶與民同患。神以知來知以藏往。其孰能與
於此哉。古之聰明叡知神武而不殺者夫。是以明於
天之道而察於民之故。是興神物以前民用。聖人以
此齋戒以神明其德夫。是故闔戶謂之坤。闢戶謂之
乾。一闔一闢謂之變。往來不窮謂之通。見乃謂之象。
形乃謂之器。制而用之謂之法。利用出入民咸用之
謂之神。是故易有大極。是生兩儀。兩儀生四象。四象

○易道

○五

生八卦八卦定吉凶吉凶生大業是故法象莫大乎
天地變通莫大乎四時縣象著明莫大乎日月崇高
莫大乎富貴備物致用立成器以爲天下利莫大乎
聖人探賾索隱鉤深致遠以定天下之吉凶成天下
之亹亹者莫大乎蓍龜是故天生神物聖人則之天
地變化聖人效之天垂象見吉凶聖人象之河出圖
洛出書聖人則之易有四象所以示也繫辭焉所以
告也定之以吉凶所以斷也〇又云陽卦多陰陰卦

周易便覽

多陽。其故何也。陽卦奇。陰卦耦。其德行何也。陽一君而二民。君子之道也。陰二君而一民。小人之道也○又云易之爲書也不可遠。爲道也屢遷。變動不居。周流六虛。上下无常。剛柔相易。不可爲典要。唯變所適。其出入以度。外內使知懼。又明於憂患與故。无有師保。如臨父母。初率其辭而揆其方。既有典常。苟非其人。道不虛行○又云易之爲書也。原始要終。以爲質也。六爻相雜。唯其時物也。其初難知。其上易知。本末

○易道

○六

也。初辭擬之卒成之終若夫雜物撰德辨是與非則非其中爻不備噫亦要存亡吉凶則居可知矣知者觀其彖辭則思過半矣二與四同功而異位其善不同二多譽四多懼近也柔之爲道不利遠者其要无咎其用柔中也三與五同功而異位三多凶五多功貴賤之等也其柔危其剛勝邪○又云易之爲書也廣大悉備有天道焉有人道焉有地道焉兼三才而兩之故六六者非他也三才之道也道有變動故曰

蓍音尸

爻爻有等。故曰物物相雜故曰文文不當故吉凶生焉○說卦傳云昔者聖人之作易也幽贊於神明而生蓍參天兩地而倚數觀變於陰陽而立卦發揮於剛柔而生爻和順於道德而理於義窮理盡性以至於命○又云昔者聖人之作易也將以順性命之理是以立天之道曰陰與陽立地之道曰柔與剛立人之道曰仁與義兼三才而兩之故易六畫而成卦分陰分陽迭用柔剛故易六位而成章

○易道

七

天地乾坤第三

繫辭傳云。天尊地卑。乾坤定矣。卑高以陳。貴賤位矣。
動靜有常。剛柔斷矣。方以類聚。物以羣分。吉凶生矣。
在天成象。在地成形。變化見矣。是故剛柔相摩。八卦
相盪。鼓之以雷霆。潤之以風雨。日月運行。一寒一暑。
乾道成男。坤道成女。乾知大始。坤作成物。乾以易知。
坤以簡能。易則易知。簡則易從。易知則有親。易從則
有功。有親則可久。有功則可大。可久則賢人德。可大

○天地乾坤

則賢人之業易簡而天下之理得矣天下之理得而成位乎其中矣○又云一陰一陽之謂道繼之者善也成之者性也仁者見之謂之仁知者見之謂之知百姓日用而不知故君子之道鮮矣顯諸仁藏諸用鼓萬物而不與聖人同憂盛德大業至矣哉富有之謂大業日新之謂盛德生生之謂易成象之謂乾效法之謂坤極數知來之謂占通變之謂事陰陽不測之謂神○又云夫易廣矣大矣以言乎遠則不禦以

○八

言乎邇則靜而正以言乎天地之間則備矣夫乾其靜也專其動也直是以大生焉。夫坤其靜也翕其動也闢。是以廣生焉。廣大配天地變通配四時陰陽之義配日月易簡之善配至德○又云子曰乾坤其易之門邪。乾陽物也。坤陰物也。陰陽合德而剛柔有體。以體天地之撰以通神明之德其稱名也。雜而不越。於稽其類其衰世之意邪○又云夫乾天下之至健也。德行恒易以知險夫坤天下之至順也德行恒簡

以知阻能說諸心能研諸侯之慮定天下之吉凶成
天下之亹亹者是故變化云爲吉事有祥象事知器
占事知來天地設位聖人成能人謀鬼謀百姓與能
八卦以象告爻彖以情言剛柔雜居而吉凶可見矣
變動以利言吉凶以情遷是故愛惡相攻而吉凶生
遠近相取而悔吝生情僞相感而利害生凡易之情
近而不相得則凶或害之悔且吝將叛者其辭慙中
心疑者其辭枝吉人之辭寡躁人之辭多誣善之人

○天地乾坤

○九

其辭游失其守者其辭屈

易道名目第四

繫辭傳云聖人設卦觀象繫辭焉而明吉凶剛柔相推而生變化是故吉凶者失得之象也悔吝者憂虞之象也變化者進退之象也剛柔者晝夜之象也六爻之動三極之道也是故君子所居而安者易之序也所樂而玩者爻之辭也是故君子居則觀其象而玩其辭動則觀其變而玩其占是以自天祐之吉无

不利。○又云彖者言乎象者也。爻者言乎變者也。吉凶者言乎其失得也。悔吝者言乎其小疵也。无咎者善補過也。是故列貴賤者存乎位。齊小大者存乎卦。辯吉凶者存乎辭。憂悔吝者存乎介。震无咎者存乎悔。是故卦有小大。辭有險易。辭也者各指其所之。○又云聖人有以見天下之賾而擬諸其形容象其物宜。是故謂之象。聖人有以見天下之動而觀其會通以行其典禮。繫辭焉以斷其吉凶。是故謂之爻。言天

賾音作

下之至賾而不可惡也。言天下之至動而不可亂也。擬之而後言議之而後動擬議以成其變化鳴鶴在陰其子和之我有好爵吾與爾靡之子曰君子居其室出其言善則千里之外應之況其邇者乎居其室出其言不善則千里之外違之況其邇者乎。言出乎身加乎民行發乎邇見乎遠言行君子之樞機。樞機之發榮辱之主也言行君子之所以動天地也可不愼乎○又云子曰書不盡言言不盡意然則聖人之

意不可見乎子曰聖人立象以盡意設卦以盡情僞
繫辭焉以盡其言變而通之以盡利鼓之舞之以盡
神乾坤其易之縕邪乾坤成列而易立乎其中矣乾
坤毀則无以見易易不可見則乾坤或幾乎息矣是
故形而上者謂之道形而下者謂之器化而裁之謂
之變推而行之謂之通擧而措之天下之民謂之事
業是故夫象聖人有以見天下之賾而擬諸其形容
象其物宜是故謂之象聖人有以見天下之動而觀

其會通以行其典禮繫辭焉以斷其吉凶是故謂之爻極天下之賾者存乎卦鼓天下之動者存乎辭化而裁之存乎變推而行之存乎通神而明之存乎其人默而成之不言而信存乎德行○又云八卦成列象存其中矣因而重之爻在其中矣剛柔相推變在其中矣繫辭焉而命之動在其中矣吉凶悔吝者生乎動者也剛柔者立本者也變通者趣時者也吉凶者貞勝者也天地之道貞觀者也日月之道貞明者

隤 大回反

也。天下之動貞夫一者也。夫乾確然示人易矣。夫坤隤然示人簡矣。爻也者效此者也。象也者像此者也。爻象動乎同吉凶見乎外功業見乎變聖人之情見乎辭天地之大德曰生聖人之大寶曰位。何以守位曰人。何以聚人曰財。理財正辭禁民爲非曰義○又云。是故易者象也。象也者像也。彖者材也。爻也者效天下之動者也。是故吉凶生而悔吝著也

八卦方位第五

平田篤胤曰不相射之不字衍字四言四句之文也
射音石

說卦傳云。天地定位山澤通氣雷風相薄水火不相射。八卦相錯數往者順知來者逆是故易逆數也○又云雷以動之風以散之雨以潤之日以烜之艮以止之兌以說之乾以君之坤以藏之○又云帝出乎震齊乎巽相見乎離致役乎坤說言乎兌戰乎乾勞乎坎成言乎艮萬物出乎震震東方也齊乎巽巽東南也齊也者言萬物之絜齊也離也者明也萬物皆相見南方之卦也聖人南面而聽天下嚮明而治蓋取諸此也坤也者地也萬物皆致養焉故曰致役乎坤兌正秋也萬物之所說也故曰說言乎兌戰乎乾乾西北之卦也言陰陽相薄也坎者水也正北方之卦也勞卦也萬物之所歸也故曰勞乎坎艮東北之卦也萬物之所成終而所成始也故曰成言乎艮○又云神也者妙萬物而爲言者也動萬物者莫疾乎雷撓萬物者莫疾乎風燥萬物者莫熯乎火說萬物者莫說乎澤潤萬物者莫潤乎水終萬物始萬物者

莫盛乎艮故水火相逮雷風不相悖山澤通氣然後能變化既成萬物也

筮法第六

繫辭傳云天一地二天三地四天五地六天七地八天九地十天數五地數五五位相得而各有合天數二十有五地數三十凡天地之數五十有五此所以成變化而行鬼神也大衍之數五十其用四十有九分而爲二以象兩掛一以象三揲之以四以象四時

歸奇於扐以象閏五歲再閏故再扐而後掛乾之策二百一十有六坤之策百四十有四凡三百有六十當期之日二篇之策萬有一千五百二十當萬物之數也是故四營而成易十有八變而成卦八卦而小成引而伸之觸類而長之天下之能事畢矣顯道神德行是故可與酬酢可與祐神矣子曰知變化之道者其知神之所爲乎

八卦活用第七

金 生數四

水 成數六 生數一

木 成數八 生數

爲寒ハ乾ハ戌亥ニ当ル周易方位ヨリ云ルナルカ爲冰トアルモミカリ但シ天質ノ光ニヨルカ

☰乾天○繫辭傳云夫乾其靜也專其動也直是以大生焉○又云夫乾天下之至健也德行恒易以知險○又云夫乾確然示人易矣○又云闢戶謂之乾○又云乾道成男○又云乾知大始○又云乾以易知○又云成象之謂乾○又云乾陽物也○說卦傳云乾以君之○又云乾健也○又云乾爲馬○又云乾爲首○又云乾天也故稱乎父○又云乾爲天爲圜爲君爲父爲玉爲金爲寒爲冰爲大赤爲良馬爲

老馬。爲瘠馬。爲駁馬。爲木果○雜卦傳云乾剛

☱兌澤○說卦傳云兌以說之○又云說萬物者莫說乎澤○又云兌爲羊○又云兌爲口○又云兌三索而得女故謂之少女○又云兌爲澤爲少女爲巫爲口舌。爲毀折。爲附決。其於地也爲剛鹵爲妾。爲羊。

☲離火○說卦傳云日以晅之○又云燥萬物者莫熯乎火○又云離麗也○又云離爲雉○又云離爲目○又云離再索而得女故謂之中女○又云離爲

槁枯也

旉布也

萑音丸又水

火爲日爲電爲中女爲甲冑爲戈兵其於人也爲大腹爲乾卦爲鱉爲蟹爲蠃爲蚌爲龜其於木也爲科上槁○又云離也者明也萬物皆相見

☳震雷○說卦傳云雷以動之○又云動萬物者莫疾乎雷○又云帝出乎震○又云萬物出乎震○又云震動也○又云震爲龍○又云震爲足○又云震一索而得男故謂之長男○又云震爲雷爲龍爲玄黃爲旉爲大塗爲長子爲決躁爲蒼莨竹爲萑葦其

馵主樹反
馬繫足也

素問云東方
生風生木

於馬也爲善鳴爲馵足爲作足爲的顙其於稼也爲
反生其究爲健爲蕃鮮

☴巽風○說卦傳云風以散之○又云撓萬物者莫
疾乎風○又云巽入也○又云巽爲雞○又云巽爲
股○又云巽一索而得女故謂之長女○又云巽爲
木爲風爲長女爲繩直爲工爲白爲長爲高爲進退
爲不果爲臭其於人也爲寡髮爲廣顙爲多白眼爲
近利市三倍其究爲躁卦

○八卦活用

○十六

亟 紀力反

☵坎水○說卦傳云雨以潤之○又云潤萬物者莫潤乎水○又云坎陷也○又云坎爲豕○又云坎爲耳○又云坎再索而得男故謂之中男○又云坎爲水爲溝瀆爲隱伏爲矯輮爲弓輪其於人也爲加憂爲心病爲耳痛爲血卦爲赤其於馬也爲美脊爲亟心爲下首爲薄蹄爲曳其於輿也爲多眚爲通爲月爲盜其於木也爲堅多心

☶艮山○說卦傳云艮以止之○又云終萬物始萬

蓏力火反
喙况廢反

物者莫盛乎艮○又云艮爲狗○又云艮爲手○又云艮三索而得男故謂之少男○又云艮爲山爲徑路爲小石爲門闕爲果蓏爲閽寺爲指爲狗爲鼠爲黔喙之屬其於木也爲堅多節

☷坤地○繫辭傳云夫坤其靜也翕其動也闢是以廣生焉○又云夫坤天下之至順也德行恒簡以知阻○又云夫坤隤然示人簡矣○又云闔戶謂之坤○又云坤道成女○又云坤作成物○又云坤以簡

○三ウ
十七

䷠天山遯

コヽニ亦タ爻ヲ出セルモノハ一爻ノ語ト同意ナルヲ以テナリタトヘバ遯ハ退ナリ故ニ初九ハ勿レ用トイヘリ此卦ノ彖象ノ語ト合セミルベシ

能○又云效法之謂坤○又云坤陰物也○說卦傳云坤以藏之○又云坤順也○又云坤爲牛○又云坤爲腹○又云坤地也故稱乎母○又云坤爲地爲母爲布爲釜爲吝嗇爲均爲子母牛爲大輿爲文爲衆爲柄其於地也爲黑○雜卦傳云坤柔

六十四卦第八

䷀乾爲天

象傳云天行健君子以自彊不息

䷌ 天火同人 火ナルガ故ニ見ト云文明ト云

䷉ 天沢履 平田篤胤云統天之上ニ健字脱スルベシ

䷙ 山天大畜

䷍ 火天大有

䷪ 沢天夬 孚字ノ謗ニ印スルモノハ註解ノ文ナリ

乾元亨利貞

雜卦傳云乾剛○文言云。元者。善之長也。亨者。嘉之會也。利者。義之和也。貞者事之幹也。君子體仁足以長人。嘉會足以合禮。利物足以和義。貞固足以幹事。君子行此四德者。故曰乾元亨利貞○彖傳云。大哉乾元。万物資始。乃統天。雲行雨施。品物流形。大明終始。六位時成。時乘六龍以御天。乾道變化。各正性命。保合大和。乃利貞。首出庶物。万物咸寧○文言云。乾元者。始而亨者也。利貞者性情也。乾始能以美利利天下。不言所利。大矣哉。大哉乾乎。剛健中正。純粹精也。六爻發揮。旁通情也。時乘六龍以御天也。雲行雨施。天下平也。君子以成德爲行。日可見之行也○

初九潛龍勿用

象傳云潛龍勿用。陽在下也○文言云初九曰。潛龍勿用。何謂也。子曰。龍德而隱者也。不易乎世。不成乎名。遯世无悶。不見是而无悶。樂則行之。憂則違之。確乎其不可拔。潛龍也。○又云潛龍勿用下也○

○䷀

十八

又云潛龍勿用。陽氣潛藏○又云潛之爲言也。隱而未見、行而未成。是以君子弗用也。君子學以聚之、問以辯之、寬以居之、仁以行之。易曰、見龍在田。利見大人。君德也○九二。見龍在田。利見大人。象傳云。見龍在田。德施普也○文言云九二曰。見龍在田。利見大人。何謂也。子曰。龍德而正中者也。庸言之信、庸行之謹。閑邪存其誠。善世而不伐、德博而化。易曰見龍在田利見大人。君德也○又云見龍在田。時舍也○又云見龍在田。天下文明○九三。君子終日乾乾。夕惕若厲。无咎。象傳云。終日乾乾、反復道也○文言云。九三曰。君子終日乾乾、夕惕若。厲无咎。何謂也。子曰。君子進德修業。忠信所以進德也。修辭立其誠、所以居業也。知至至之、可與幾也。知終終之、可與存義也。是故居上位而不驕。在下位而不憂。故乾乾因其時而惕。雖危无咎矣○又云終日乾乾。行

○☰

事也○又云終日乾乾與時偕行○又云九三重剛而不中上不在天下不在田故乾乾因其時而惕雖危无咎矣○九四或躍在淵无咎象傳云或躍在淵進无咎也○文言云九四曰或躍在淵无咎何謂也子曰上下无常非爲邪也進退无恒非離郡也君子進德修業欲及時也故无咎○又云或躍在淵自試也○又云或躍在淵乾道乃革○又云九四重剛而不中上不在天下不在田中不在人故或之或之者疑之也故无咎夫大人者與天地合其德與日月合其明與四時合其序與鬼神合其吉凶先天而天弗違後天而奉天時天且弗違而況於人乎況於鬼神乎○九五飛龍在天利見大人象傳云飛龍在天大人造也○文言云九五曰飛龍在天利見大人何謂也子曰同聲相應同氣相求水流濕火就燥雲從龍風從虎聖人作而万物覩本乎天者親上本乎地者

○十九

親下則各從其類也○又云飛龍在天上治也○又云飛龍在天乃位乎天德○上九亢龍有悔象傳云亢龍有悔盈不可久也○文言云上九曰亢龍有悔何謂也子曰貴而无位高而无民賢人在下位而无輔是以動而有悔也○又云亢龍有悔窮之災也○又云亢龍有悔與時偕極○又云亢之爲言也知進而不知退知存而不知亡知得而不知喪其唯聖人乎知進退存亡而不失其正者其唯聖人乎○繫辭傳云亢龍有悔何謂也子曰貴而无位高而无民賢人在下位而无輔是以動而有悔也○用九見群龍无首吉象傳云用九天德不可爲首也○文言云乾元用九天下治也○又云乾元用九乃見天則

䷁ 坤爲地

䷗ 地雷復

六爻ニテ変テ坤ト成

地水師

地風升

雷地豫

水地比

風地觀

一本作履霜堅氷至

順慎也

象傳云。地勢坤。君子以厚德載物。

坤元亨。利牝馬之貞。君子有攸往。先迷後得主。利西南得朋。東北喪朋。安貞吉。雜卦傳云。坤柔。○文言云。坤至柔而動也剛。至靜而德方。後得主而有常。含万物而化光。坤道其順乎。承天而時行。○彖傳云。至哉坤元。万物資生。乃順承天。坤厚載物。德合无疆。含弘光大。品物咸亨。牝馬地類。行地无疆。柔順利貞。君子攸行。先迷失道。後順得常。西南得朋。乃與類行。東北喪朋。乃終有慶。安貞之吉。應地无疆。

○初六。履霜堅冰至。

象傳云。履霜堅冰。陰始凝也。馴致其道。至堅冰也。○文言云。積善之家。必有餘慶。積不善之家。必有餘殃。臣弒其君。子弒其父。非一朝一夕之故。其所由來者漸矣。由辯之不早辯也。易曰。履霜堅冰至。蓋言順也。

○六二直方大。不習无不利。象傳云。六二之動。直以方也。不習无不利。地道光也。○文言云。直其正也。方其義也。君子敬以直内。義以方外。敬義立而德不孤。直方大。不習无不利。則不疑其所行也。○六三含章可貞。或從王事。无成有終。象傳云。含章可貞。以時發也。從王事。知光大也。○文言云。陰雖有美含之。以從王事。弗敢成也。地道也。妻道也。臣道也。地道无成。而代有終也。○六四括囊无咎无譽。象傳云。括囊无咎。慎不害也。○文言云。天地變化。草木蕃。天地閉。賢人隱。易曰。括囊无咎无譽。蓋言謹也。○六五黄裳元吉。象傳云。黄裳元吉。文在中也。○文言云。君子黄中通理。正位居體。美在其中。而暢於四支。發於事業。美之至也。○上六龍戰于野。其血玄黄。象傳云。龍戰于野。其道窮也。○文言

䷇ 嫌疑也 水地比

䷻ 水沢節

䷾ 水火既濟

䷐ 沢雷随

䷗ 地雷復

䷚ 噬嗑 恒 廣大貞 山雷頤

云。陰疑於陽必戰。爲其嫌於无陽也。故稱龍焉。猶未離其類也。故稱血焉。夫玄黄者天地之雜也。天玄而地黄。○用六。利永貞。象傳云。用六永貞以大終也

䷂ 水雷屯 序卦傳云。有天地然後万物生焉。盈天地之間者唯万物。故受之以屯。屯者盈也。屯者物之始生也。物生必蒙。故受之以蒙

象傳云。雲雷屯。君子以經綸

屯元亨利貞。勿用有攸往。利建侯。雜卦傳云。屯見而不失其居○彖傳云。屯剛柔始交而難生。動乎險中。大亨貞。雷雨之動滿盈。天造草昧。宜建侯而不寧。○初九。磐桓。利居貞。利建侯。象傳云。雖磐桓。志行正也。以貴下賤。大得民也。○六二。屯

䷂ ䷲ウ ○三十一

如邅如。乘馬班如。匪寇婚媾女子貞不字十年乃字象傳云。六二之難。乘剛也。十年乃字。反常也○六三即鹿无虞。惟入于林中。君子幾不如舍。往吝。象傳云。即鹿无虞。以從禽也。君子舍之。往吝窮也○六四乘馬班如。求婚媾。往吉。无不利象傳云求而往。明也○九五屯其膏。小貞吉。大貞凶象傳云屯其膏。施未光也○上六乘馬班如。泣血漣如。象傳云泣血漣如。何可長也

䷃山水蒙序卦傳云。蒙者蒙也物之稺也。物稺不可不養也。故受之以需

象傳云。山下出泉蒙。君子以果行育德

山地剝　艮爲山　天水訟　地水師　風水渙　坎爲水　巽隨也

○二十二

蒙亨。匪我求童蒙。童蒙求我。初筮告。再三瀆。瀆則不告。利貞。雜卦傳云。蒙雜而著。○彖傳云。蒙山下有險。險而止蒙。蒙亨。以亨行時中也。匪我求童蒙。童蒙求我。志應也。初筮告。以剛中也。再三瀆。瀆則不告。瀆蒙也。蒙以養正。聖功也 ○初六。發蒙。利用刑人。用說桎梏。以往吝。象傳云。利用刑人。以正法也 ○九二。包蒙吉。納婦吉。子克家。象傳云。子克家。剛柔接也 ○六三。勿用取女。見金夫。不有躬。无攸利。象傳云。勿用取女。行不順也 ○六四。困蒙。吝。象傳云。困蒙之吝。獨遠實也 ○六五。童蒙吉。象傳云。童蒙之吉。順以巽也 ○上九。擊蒙。不利爲寇。利禦寇。象傳云。利禦寇。上下順也

水山蹇

水火既濟

水沢節

沢天夬

地天泰

衍寛也 能字當作雖

山天大畜

水天需 序卦傳云。需者飲食之道也。飲食必有訟。故受之以訟

象傳云。雲上於天需。君子以飲食宴樂

需有孚光亨。貞吉。利渉大川 雜卦傳云。需不進也○彖傳云。需須也。險在前也。剛健而不陷。其義不困窮矣。需有孚光亨貞吉。位乎天位以正中也。利渉大川。往有功也 ○初九需于郊。利用恒无咎。象傳云。需于郊。不犯難行也。利用恒无咎。未失常也 ○九二需于沙。小有言。終吉。象傳云。需于沙。衍在中也。能小有言。以吉終也 ○九三需于泥。致寇至。象傳云。需于泥。災在外也。自我致寇。敬愼不敗也 ○六四需于血。出自穴。象傳云。需于血。順以聽也 ○九五需于酒食。貞

䷉ 天沢履　䷋ 天地否　䷠ 天山遯　䷃ 山水蒙　䷿ 火水未済　䷮ 沢水困

吉象傳云酒食貞吉以中正也○上六入于穴有不速之客三人來敬之終吉象傳云不速之客來敬之終吉雖不當位未大失也

䷅ 天水訟

序卦傳云訟必有衆起故受之以師

象傳云天與水違行訟君子以作事謀始

訟有孚窒惕中吉終凶利見大人不利涉大川雜卦傳云訟不親也○彖傳云訟上剛下險險而健訟訟有孚窒惕中吉剛來而得中也終凶訟不可成也利見大人尚中正也不利涉大川入于淵也○初六不永所事小有言終吉象傳云不永所事訟不可長也雖小有言其辯明也○九二不克訟歸而逋其邑

二十三

䷒地沢臨

䷁坤為地

掇音錣止也

䷎地山謙

鞶革帯男子之帯也

褫奪也

䷧雷水解

䷜坎為水

䷺風水渙

人三百戸无眚象傳云不克訟。歸逋竄也。自下訟上患至掇也○六三食舊德貞厲終吉。或從王事无成象傳云食舊德從上吉也○九四不克訟復即命渝安貞吉象傳云復即命渝。安貞不失也○九五訟元吉象傳云。訟元吉以中正也○上九或錫之鞶帶終朝三褫之象傳云以訟受服亦不足敬也

䷆地水師序卦傳云師者衆也。衆必有所比故受之以比

象傳云地中有水師。君子以容民畜衆

師貞丈人吉无咎雜卦傳云師憂○彖傳云。師衆也。貞。正也。能以衆正可以王矣。剛中

水雷屯　坎為水　水風井　沢地萃　坤為地　山地剝

而應行險而順。以此毒天下而民從之。吉又何咎矣。○初六師出以律否臧凶象傳云師出以律。失律凶也○九二在師中吉无咎。王三錫命象傳云在師中吉承天寵也。王三錫命懷万邦也○六三師或輿尸凶象傳云師或輿尸大无功也○六四師左次无咎象傳云左次无咎。未失常也○六五田有禽利執言无咎。長子帥師弟子輿尸貞凶象傳云長子帥師。以中行也弟子輿尸。使不當也○上六大君有命開國承家小人勿用象傳云大君有命。以正功也。小人勿用必亂邦也

水地比序卦傳云。比者比也比必有所畜故受之以小畜

比親也

象傳云。地上有水比。先王以建萬國親諸侯

比吉。原筮元永貞无咎。不寧方來後夫凶。雜卦傳云。比樂◯彖傳云。比吉也。比輔也。下順從也。原筮元永貞无咎。以剛中也。不寧方來。上下應也。後夫凶。其道窮也。◯

初六有孚比之无咎。有孚盈缶。終來有他吉象傳云比之初六有他吉也◯六二比之自內貞吉象傳云比之自內不自失也◯六三比之匪人象傳云比之匪人不亦傷乎◯六四外比之貞吉象傳云外比於賢以從上也◯九五顯比。王用三驅。失前禽。邑人不誡吉象傳云顯比之吉。位正中也。舍逆取順失前禽也。邑人不誡。上使中也◯上六比

䷴風山漸 ䷤風火家人 ䷼風沢中孚 ䷍火天大有 ䷙山天大畜 ䷊地天泰

之无首凶象傳云比之无首。无所終也

䷈風天小畜序卦傳云物畜然後有禮故受之以履

象傳云。風行天上小畜。君子以懿文德

小畜亨密雲不雨自我西郊雜卦傳云小畜寡也○彖傳云小畜柔得位而上下應之曰小畜。健而巽。剛中而志行。乃亨。密雲不雨。尚往也。自我西郊。施未行也○初九復自道何其咎吉象傳云復自道其義吉也○九二牽復吉象傳云牽復在中亦不自失也○九三輿說輻夫妻反目象傳云夫妻反目。不能正室也○六四有孚血去惕出。无咎象傳云有孚惕出。上合志也○九五有

䷈

○二十五

䷅ 天水訟　䷘ 天雷无妄　䷀ 乾為天　䷨ 山沢損　䷵ 雷沢帰妹　䷥ 火沢睽　䷹ 兌為沢

孚攣如富以其鄰象傳云有孚攣如不獨富也○上九既雨既處
尚德載婦貞厲月幾望君子征凶象傳云既雨既處德積載也君子征
凶有所疑也

䷉ 天澤履 序卦傳云履而泰然後安故受之以泰
象傳云上天下澤履君子以辯上下定民志
履虎尾不咥人亨繫辭傳云履德之基也○又云履和而至○又云履以和行○雜卦
傳云履不處也○彖傳云履柔履剛也說而應乎乾
是以履虎尾不咥人亨剛中正履帝位而不疚光明
也○初九素履往无咎象傳云素履之往獨行願也○九二履道

䷎ 地山謙

䷣ 地火明夷

䷒ 地沢臨

愬 懼恐貌

䷡ 雷天大壮

䷄ 水天需

䷈ 風天小畜

坦坦。幽人貞吉 象傳云。幽人貞吉。中不自亂也 ○六三眇能視。跛能履。履虎尾。咥人凶。武人爲于大君 象傳云眇能視不足以有明也。跛能履。不足以與行也。咥人之凶。位不當也。武人爲于大君志剛也 ○九四履虎尾愬愬終吉 象傳云愬愬終吉。志行也 ○九五夬履貞厲 象傳云夬履貞厲。位正當也 ○上九視履考祥。其旋元吉 象傳云元吉在上。大有慶也

䷊ 地天泰 序卦傳云。泰者通也物不可以終通。故受之以否

象傳云。天地交泰。后以財成天地之道。輔相天地之宜。以左右民

泰小往大來吉亨雜卦傳云。否泰反其類也○彖傳云。泰小往大來吉亨。則是天地交而萬物通也。上下交而其志同也。内陽而外陰。内健而外順。内君子而外小人。君子道長。小人道消也○初九拔茅茹以其彙征吉象傳云。拔茅征吉。志在外也○九二包荒用馮河不遐遺朋亡得尚于中行象傳云。包荒得尚于中行。以光大也○九三无平不陂无往不復艱貞无咎勿恤其孚于食有福象傳云。无往不復。天地際也○六四翩翩不富以其鄰不戒以孚象傳云。翩翩不富。皆失實也。不戒以孚。中心願也○六五帝乙歸妹以祉元吉象傳云。以祉元吉。中以行願也○上六城復于隍勿

䷘ 天雷无妄
䷅ 天水訟
䷫ 天風姤
䷖ 山地剥
䷢ 火地晉
䷬ 沢地萃

用師自邑告命貞吝 象傳云城復于隍其命亂也

䷋ 天地否 序卦傳云物不可以終否故受之以同人

象傳云天地不交否君子以儉德辟難不可榮以祿

否之匪人不利君子貞大往小來 雜卦傳云否泰反其類也 ○彖傳云否之匪人不利君子貞大往小來則是天地不交而萬物不通也上下不交而天下无邦也内陰而外陽内柔而外剛内小人而外君子小人道長君子道消也

○初六拔茅茹以其彙貞吉亨 象傳云拔茅貞吉志在君也

○六二包承小人吉大人否亨 象傳云大人否亨不亂羣也

○六三包羞 象傳云包羞位不當也

○九四

○二十七

天風姤　乾爲天　天雷无妄　山火賁　離爲火　沢火革

有命无咎。疇離祉。象傳云有命无咎。志行也○九五休否。大人吉。其亡其亡。繫于苞桑。象傳云。大人之吉位正當也○繫辭傳云子曰危者安其位者也。亡者保其存者也。亂者有其治者也。是故君子安而不忘危存而不忘亡治而不忘亂是以身安而國家可保也。易曰其亡其亡繫于包桑○上九傾否先否後喜。象傳云否終則傾何可長也

䷌

天火同人 序卦傳云與人同者物必歸焉。故受之以大有

象傳云天與火同人。君子以類族辨物

同人于野亨利涉大川利君子貞 雜卦傳云。同人親也○彖傳云同人

墉 垣也

柔得位得中而應乎乾曰同人同人曰同人于野亨利涉大川乾行也文明以健中正而應君子正也唯君子爲能通天下之志○初九同人于門无咎象傳云出門同人又誰咎也○六二同人于宗吝象傳云同人于宗吝道也○九三伏戎于莽升其高陵三歲不興象傳云伏戎于莽敵剛也○九四乘其墉弗克攻吉象傳云乘墉義弗克也其吉則困而反則也○九五同人先號咷而後笑大師克相遇象傳云同人之先以中直也大師相遇言相克也○繫辭傳云同人先號咷而後笑子曰君子之道或出或處或默或語二人同心其利斷金同心之言其臭如蘭○上九同人于郊无悔象傳云同人于郊志未得也

三三ウ

二十八

火山旅

離爲火

休善也

火沢睽

風天小畜

乾爲天

雷天大壯

火天大有 序卦傳云大有者不可以盈故受之以謙

象傳云火在天上大有。君子以遏惡揚善順天休命

大有元亨 雜卦傳云大有衆也。○彖傳云大有。柔得尊位。大中而上下應之曰大有。其德剛健而文明。應乎天而時行。是以元亨

○初九无交害匪咎。艱則无咎 象傳云大有初九无交害也

○九二大車以載。有攸往。无咎 象傳云大車以載積中不敗也

○九三公用亨于天子。小人弗克 象傳云公用亨于天子。小人害也

○九四匪其彭无咎 象傳云匪其彭无咎明辨晳也

○六五厥孚交如威如吉 象傳云厥孚交如。信以發志也。威如之吉。易而无備也

○上

地天泰

地風升　凡

地水師

雷山小過

水山蹇　艮　集也　福畾

風山漸　齊　交也

九自天祐之吉无不利　○象傳云大有上吉。自天祐也。吉。无不利。子曰祐者助也。天之所助者順也人之所助者信也。履信思乎順又以尚賢也是以自天祐之吉无不利也

地山謙

謙序卦傳云。有大而能謙必豫故受之以豫

象傳云。地中有山謙。君子以裒多益寡稱物平施

謙亨君子有終　繫辭傳云。謙德之柄也○○又云謙尊而光○又云謙以制礼○○雜卦傳云謙輕○彖傳云。謙亨。天道下濟而光明。地道卑而上行天道虧盈而益謙。地道變盈而流謙。鬼神害盈而福謙人道惡盈而好謙。謙尊而光卑而不可踰。君子之終也

○初六謙謙君子。用

○二十九

䷲ 震爲雷

䷧ 雷水解

䷟ 雷風恒

䷁ 坤爲地

䷬ 沢地萃

䷢ 火地晉

渉大川吉象傳云。謙謙君子卑以自牧也○六二鳴謙貞吉象傳云鳴謙貞吉中心得也○九三勞謙君子有終吉象傳云勞謙君子万民服也○繫辭傳云勞謙君子有終吉。子曰勞而不伐有功而不德厚之至也。語以其功下人者也。德言盛。礼言恭謙也者致恭以存其位者也○六四无不利撝謙象傳云无不利撝謙不違則也○六五不富以其鄰利用侵伐无不利象傳云。利用侵伐征不服也○上六鳴謙利用行師征邑國象傳云鳴謙志未得也。可用行師征邑國也

䷏ 雷地豫序卦傳云豫必有隨。故受之以隨

象傳云雷出地奮豫先王以作樂崇德殷薦之上帝以配祖考

豫利建候行師雜卦傳云豫怠也○彖傳云豫剛應而志行順以動豫順以動故天地如之而況建候行師乎天地以順動故日月不過而四時不忒聖人以順動則刑罰清而民服豫之時義大矣哉

○初六鳴豫凶象傳云初六鳴豫志窮凶也

○六二介于石不終日貞吉象傳云不終日貞吉以中正也○繫辭傳云子曰知幾其神乎君子上交不諂下交不瀆其知幾乎幾者動之微吉之先見者也君子見幾而作不俟終日易曰介于石不終日貞吉介如石焉寧用終日斷可識矣

○六三盱豫悔遲有悔象傳云盱豫有悔位不當

沢地萃
盍簪相集也
兌為沢
沢火革
晦一本作時
水雷屯
震為雷
天雷无妄

也○九四由豫大有得。勿疑朋盍簪。象傳云由豫大有得志大行也
○六五貞疾恒不死。象傳云六五貞疾。乘剛也不死中未亡也○上六冥
豫成有渝无咎。象傳云冥豫在上。何可長也

澤雷隨　序卦傳云以喜隨人者必有事故受之以蠱
象傳云澤中有雷隨。君子以嚮晦入宴息
隨元亨利貞无咎　雜卦傳云隨无故也○彖傳云。隨。剛來而下柔動而說隨。大亨貞无
咎。而天下隨時。隨時之義大矣哉○初九官有渝貞吉。出門交有功
象傳云。官有渝。從正吉也。出門交有功不失也○六二係小子失丈夫。象傳云係

䷕ 山火賁

䷳ 艮爲山

䷖ 山地剝

䷫ 天風姤

䷸ 巽爲風

䷯ 水風井

小子弗兼與也○六三係丈夫失小子。隨有求得。利居貞。象傳云。係丈夫志舍下也○九四隨有獲貞凶。有孚在道以明。何咎。象傳云隨有獲。其義凶也。有孚在道明功也○九五孚于嘉吉象傳云孚于嘉吉位正中也○上六拘係之乃從維之。王用亨于西山象傳云。拘係之上窮也

䷑ 山風蠱 序卦傳云。蠱者事也有事而後可大。故受之以臨

象傳云山下有風蠱。君子以振民育德

蠱元亨利涉大川先甲三日後甲三日雜卦傳云蠱則飭也○彖

○三十一

地水師

地雷復

地天泰

雷沢歸妹

水沢節

風沢中孚

傳云。蠱剛上而柔下。巽而止蠱。蠱元亨而天下治也。利渉大川。往有事也。先甲三日。後甲三日終則有始也天行 ○初六幹父之蠱有子考无咎厲終吉 象傳云幹父之蠱意承考也 ○九二幹母之蠱不可貞 象傳云幹母之蠱得中道也 ○九三幹父之蠱小有悔无大咎 象傳云幹父之蠱終无咎也 ○六四裕父之蠱往見吝 象傳云裕父之蠱往未得也 ○六五幹父之蠱用譽 象傳云幹父用譽承以德也 ○上九不事王侯高尚其事 象傳云不事王侯志可則也

地澤臨 序卦傳云臨者大也物大然後可觀故受之以觀

浸 進也

象傳云。澤上有地臨。君子以教思无窮。容保民无疆。

臨。元亨利貞。至于八月有凶 雜卦傳云臨觀之義或與或求○彖傳云臨剛浸而長。說而順。剛中而應。大亨以正。天之道也。至于八月有凶。消不久也○初九咸臨貞吉 象傳云咸臨貞吉。志行正也○九二咸臨吉无不利 象傳云咸臨吉。无不利未順命也○六三甘臨。无攸利。既憂之无咎 象傳云甘臨位不當也既憂之咎不長也○六四至臨无咎 象傳云至臨无咎位當也○六五知臨。大君之宜吉。象傳云大君之宜行中之謂也○上六敦臨。吉无咎 象傳云敦臨之吉。志在内也

風雷益

風水渙

巽爲風

頤愼也

火地晉

山地剝

坤爲地

風地觀序卦傳云可觀而後有所合故受之以噬嗑

象傳云風行地上觀先王以省方觀民設教

觀盥而不薦有孚顒若雜卦傳云臨觀之義或與或求○彖傳云大觀在上順而巽中正以觀天下觀盥而不薦有孚顒若下觀而化也觀天之神道而四時不忒聖人以神道設教而天下服矣

○初六童觀小人无咎君子吝象傳云初六童觀小人道也

○六二闚觀利女貞象傳云闚觀女貞亦可醜也

○六三觀我生進退象傳云觀我生進退未失道也

○六四觀國之光利用賓于王象傳云觀國之光尚賓

○九五觀我生君子无咎象傳云觀我生觀民也

火地晉

火沢睽

離爲火

一敕作勑

勑整也

風雷益

沢雷隨

震爲雷

○上九觀其生。君子无咎 象傳云觀其生志未平也

火雷噬嗑 序卦傳云。嗑者合也物不可以苟合而已。故受之以賁

象傳云。電雷噬嗑。先王以明罰敕法

噬嗑亨利用獄 雜卦傳云。噬嗑食也○彖傳云頤中有物曰噬嗑。剛柔分。動而明。雷電合而章。柔得中而上行。雖不當位。利用獄也

○初九屨校滅趾。无咎 象傳云屨校滅趾不行也○繫辭傳云。子曰小人不恥不仁。不畏不義。不見利不勸。不威不懲。小懲而大誡。此小人之福也。易曰屨校滅趾。无咎此之謂也

○六二噬膚滅鼻无咎 象傳云噬膚滅鼻不當也

○六三噬腊肉遇毒。小吝无咎 象傳云。遇毒位不當也

○九

○三二 三三二ウ

○三十三

䷩ 山風益　䷙ 山天大畜　䷚ 山雷頤　䷌ 天火同人　䷤ 風火家人　䷾ 水火歸濟

四噬乾胏得金矢利艱貞吉象傳云利艱貞吉未光也○六五噬乾肉得黃金貞厲无咎象傳云貞厲无咎得當也○上九何校滅耳凶象傳云何校滅耳聰不明也○繫辭傳云善不積不足以成名惡不積不足以滅身小人以小善爲无益而弗爲也以小惡爲无傷而弗去也故惡積而不可掩罪大而不可解易曰何校滅耳凶

䷕ 山火賁序卦傳云賁者飾也致飾然後亨則盡矣故受之以剝

象傳云山下有火賁君子以明庶政无敢折獄

賁亨小利有攸往雜卦傳云賁无色也○彖傳云賁亨柔來而文剛故亨分剛上而文柔故小利有攸往天文也文明以止人文也觀乎天文以察時變觀乎人文以化成天下○初九

山雷頤

山水蒙

山風蠱

天地否

風地觀

水地比

賁其趾舍車而徒。象傳云舍車而徒義弗乘也　○六二賁其須象傳云賁其須與上興也○九三賁如濡如。永貞吉象傳云永貞之吉終莫之陵也○六四賁如皤如白馬翰如匪寇婚媾象傳云六四當位疑也匪寇婚媾終无尤也○六五賁于丘園束帛戔戔。吝終吉象傳云六五之吉有喜也○上九白賁无咎象傳云白賁无咎上得志也

䷖山地剝。序卦傳云。剝者剝也物不可以終盡剝窮上反下故受之以復

象傳云山附於地剝。上以厚下安宅。

剝不利有攸往雜卦傳云。剝爛也○彖傳云。剝剝也柔變剛也不利有攸往。小人長也。順

䷖三十四

坤爲地

地沢臨

地火明夷

震爲雷

水雷屯

風雷益

而止之。觀象也。君子尚消息盈虛。天行也〇初六剥牀以足蔑貞凶象傳云剥牀以足。以滅下也〇六二剥牀以辨蔑貞凶象傳云。剥牀以辨未有與也〇六三剥之无咎象傳云剥之无咎。失上下也〇六四剥牀以膚凶象傳云剥牀以膚。切近災也〇六五貫魚以宮人寵。无不利象傳云以宮人寵終无尤也〇上九碩果不食。君子得輿小人剥廬象傳云。君子得輿民所載也。小人剥廬終不可用也

地雷復序卦傳云復則不妄矣故受之以无妄

象傳云雷在地中復。先王以至日閉關商旅不行后

不省方

復亨。出入无疾。朋來无咎。反復其道。七日來復。利有攸往。○繫辭傳云復德之本也○又云復小而辨於物○又云復以自知○雜卦傳云復反也○彖傳云復亨剛反。動而以順行。是以出入无疾明來无咎。反復其道。七日來復。天行也。利有攸往。剛長也。復其見天地之心乎○初九不遠復。无祇悔元吉。象傳云不遠之復。以脩身也○繫辭傳云君子知微知彰。知柔知剛。萬夫之望。○子曰顏氏之子其殆庶幾乎。有不善。未嘗不知。知之未嘗復行也。○易曰不遠復无祇悔元吉○六二休復吉象傳云休復之吉以下仁也○六三頻復厲无咎象傳云頻復之厲義无咎也○六四中行獨復。

○三三ウ ○三十五

䷋ 天地否

䷉ 天沢履

䷌ 天火同人

䷚ 山雷頤　一行下有物與二字

䷔ 火雷噬嗑

䷐ 沢雷隨

象傳云中行獨復以從道也○六五敦復无悔象傳云敦復无悔中以自考也○

上六迷復凶有災眚用行師終有大敗以其國君凶

至于十年不克征象傳云迷復之凶反君道也

䷘ 天雷无妄序卦傳云有无妄然後可畜故受之以大畜

象傳云天下雷行　　无妄先王以茂對時育萬物

无妄元亨利貞其匪正有眚不利有攸往雜卦傳云无妄災也

○彖傳云无妄剛自外來而爲主於内動而健剛中而應大亨以正天之命也其匪正有眚不利有攸往

无妄之往何之矣天命不祐行矣哉○初九无妄往吉象傳云无妄之往得志也○

艮爲山　山火賁　山沢損　乾爲天　風天小畜　水天需

六二不耕穫不菑畬則利有攸往象傳云不耕穫未富也○六三无妄之災或繫之牛行人之得邑人之災象傳云行人得牛邑人災也○九四可貞无咎象傳云可貞无咎固有之也○九五无妄之疾勿藥有喜象傳云无妄之藥不可試也○上九无妄行有眚无攸利象傳云无妄之行窮之災也

山天大畜序卦傳云物畜然後可養故受之以頤

象傳云天在山中大畜君子以多識前言往行以畜其德

三十六

閑 習也

䷖ 山地剥

䷙ 大畜利貞不家食吉利渉大川○雜卦傳云大畜時也彖傳云大畜剛健篤實輝光日新其德剛上而尚賢能止健大正也不家食吉養賢也利渉大川應乎天也○初九有厲利已象傳云有厲利已不犯災也○九二輿説輹象傳云輿説輹中无尤也○九三良馬逐利艱貞曰閑輿衛利有攸往象傳云利有攸往上合志也○六四童牛之牿元吉象傳云六四元吉有喜也○六五豶豕之牙吉象傳云六五之吉有慶也○上九何天之衢亨象傳云何天之衢道大行也

䷚ 山雷頤 序卦傳云頤者養也不養則不可動故受之以大過

山沢損

山火賁

天雷无妄

風雷益

水雷屯

耽 音丹 深貝

象傳云山下有雷頤君子以愼言語節飲食

頤貞吉觀頤自求口實雜卦傳云頤養正也○彖傳云頤貞吉養正則吉也觀頤觀其所養也自求口實觀其自養也天地養万物聖人養賢以及万民頤之時大矣哉○初九舍爾靈龜觀我朶頤凶象傳云觀我朶頤亦不足貴也○六二顚頤拂經于丘頤征凶象傳云六二征凶行失類也○六三拂頤貞凶十年勿用无攸利象傳云十年勿用道大悖也○六四顚頤吉虎視耽耽其欲逐逐无咎象傳云顚頤之吉上施光也○六五拂經居貞吉不可涉大川象傳云居貞之吉順以從上也○上九由頤厲吉

○ウ

○三十七

䷰ 沢火革

䷞ 沢山咸

䷬ 沢地萃

䷯ 水風井

䷟ 雷風恒

䷫ 天風姤

稊根也

利涉大川 象傳云。由頤厲吉。大有慶也

䷛ 澤風大過 序卦傳云物不可以終過故受之以坎

象傳云。澤滅木大過。君子以獨立不懼。遯世无悶

大過棟橈利有攸往亨 雜卦傳云。大過顚也○彖傳云大過大者過也棟橈本末弱也剛過而中巽而說行利有攸往乃亨大過之時大矣哉

○初六藉用白茅无咎 象傳云藉用白茅柔在下也○繫辭傳云初六藉用白茅无咎。子曰苟錯諸地而可矣藉之用茅何咎之有愼之至也。夫茅之爲物薄而用可重也愼斯術也以往其无所失矣

○九二枯楊生稊老夫得其女妻无不利 象傳云。老夫女妻過以相與也

○九三

水沢節

水地比

水山蹇

沢水困

地水師　習重也

山水蒙

棟橈凶。象傳云、棟橈之凶、不可以有輔也。◯九四棟隆吉、有它吝。象傳云、棟隆之吉、不橈乎下也。◯九五枯楊生華、老婦得其士夫、无咎无譽。象傳云、枯楊生華、何可久也。老婦士夫、亦可醜也。◯上六過渉滅頂凶、无咎。象傳云、過渉之凶、不可咎也。

坎爲水　序卦傳云、坎者陷也。陷必有所麗。故受之以離。

象傳云。水洊至習坎。君子以常德行習教事。

習坎有孚維心亨行有尚。◯雜卦傳云、離上而坎下也。彖傳云、坎重險也。水流而不盈。行險而不失其信。維心亨。乃以剛中也。行有尚。往有功也。天險不可升也。地險山川丘陵也。王公

○三十八

貳增也

寘置也

䷱火風鼎

設險以守其國險之時用大矣哉○初六習坎入于坎窞凶象傳云習坎入坎失道凶也○九二坎有險求小得象傳云求小得未出中也○六三來之坎坎險且枕入于坎窞勿用象傳云來之坎終无功也○六四樽酒簋貳用缶納約自牖終无咎象傳云樽酒簋貳剛柔際也○九五坎不盈祇既平无咎象傳云坎不盈中未大也○上六係用徽纆寘于叢棘三歲不得凶象傳云上六失道凶三歲也

䷝離爲火序卦傳云離者麗也

象傳云明兩作離大人以繼明照于四方

☲☶ 火山旅

☲☳ 火雷噬嗑

☴☲ 風火家人

☲☲ 離為火

☳☲ 雷火豊

沱潤也

離利貞亨。畜牝牛吉雜卦傳云。離上而坎下也○彖傳云。離麗也日月麗乎天百穀草木麗乎土。重明以麗乎正。乃化成天下柔麗乎中正故亨。是以畜牝牛吉也○初九履錯然。敬之无咎象傳云履錯之敬。以辟咎也○六二黄離元吉象傳云黄離元吉得中道也○九三日昃之離。不鼓缶而歌則大耋之嗟凶象傳云日昃之離何可久也○九四突如其來如焚如死如棄如象傳云突如其來如无所容也○六五出涕沱若戚嗟若吉象傳云。六五之吉離王公也○上九王用出征有嘉折首獲匪其醜无咎象傳云。王用出征以正邦也

○三三ウ

○三十九

沢天夬　沢風大過　沢水困　水山蹇　雷山小過　天山遯

憧音小動也

澤山咸

象傳云。山上有澤咸。君子以虛受人

咸亨利貞取女吉　雜卦傳云。咸速也○彖傳云。咸感也。柔上而剛下。二氣感應以相與止而說。男下女。是以亨利貞。取女吉也。天地感而萬物化生。聖人感人心而天下和平。觀其所感。而天地万物之情可見矣

○初六咸其拇　象傳云。咸其拇志在外也

○六二咸其腓凶。居吉　象傳云。雖凶居吉。順不害也

○九三咸其股執其隨往吝　象傳云。咸其股。亦不處也。志在隨人。所執下也

○九四貞吉悔亡。憧憧往來。朋從爾思　象傳云。貞吉悔亡。未感害也。憧憧往來。未光大也○繫辭傳云。易曰。憧憧往來

雷火豊

雷山小過

雷地豫

地風升

沢風大過

火風鼎

朋従爾思。子曰天下何思何慮。天下同帰而殊塗一致而百慮。天下何思何慮。日往則月来月往則日来。日月相推而明生焉。寒往則暑来暑往則寒来。寒暑相推而歳成焉。往者屈也。来者信也。屈信相感而利生焉。尺蠖之屈以求信也。龍蛇之蟄以存身也。精義入神以致用也。利用安身以崇徳也。過此以往未之或知也。窮神知化徳之盛也

○九五咸其脢无悔　象伝云。咸其脢志末也

○上六咸其輔頬舌　象伝云。咸其輔頬舌勝口説也

雷風恒

序卦伝云。有天地然後有萬物。有万物然後有男女。有男女然後有夫婦。有夫婦然後有父子。有父子然後有君臣。有君臣然後有上下。有上下。然後礼義有所錯。夫婦之道不可以久也。故受之以恒。恒者久也。物不可以久居其所。故受之以遯

象傳云。雷風恒。君子以立不易方

恒亨无咎利貞。利有攸往 繫辭傳云。恒德之固也○又云恒雜而不厭○又云恒以一德○雜卦傳云恒久也○彖傳云恒久也。剛上而柔下。雷風相與巽而動剛柔皆應恒。恒亨无咎利貞。久於其道也。天地之道恒久而不已也。利有攸往。終則有始也。日月得天而能久照。四時變化而能久成。聖人久於其道而天下化成。觀其所恒。而天地万物之恒可見矣

○初六浚恒貞凶无攸利 象傳云浚恒之凶始求深也

○九二悔亡 象傳云九二悔亡能久中也

○九三不恒其德或承之羞貞吝 象傳云不恒其德无所容也

○九四田无禽 象傳云久非其位安得禽也

○六五恒其德貞婦

乾爲天　天風姤　天水訟　艮爲山　火山旅　沢山咸

人吉。夫子凶。象傳云。婦人貞吉。從一而終也。夫子制義。從婦凶也◯上六振恒凶象傳云。振恒在上。大无功也

䷠天山遯序卦傳云。遯者退也。物不可以終遯。故受之以大壯

象傳云。天下有山遯。君子以遠小人。不惡而嚴

遯亨小利貞雜卦傳云。遯則退也◯彖傳云。遯亨。遯而亨也。剛當位而應。與時行也。小利貞。浸而長也。遯之時義大矣哉◯初六遯尾厲。勿用有攸往象傳云。遯尾之厲。不往何災也◯六二執之用黃牛之革。莫之勝說象傳云。執用黃牛。固志也◯九三係遯。有疾厲。畜臣妾吉象傳云。係遯之厲。有疾憊也。畜

四十一

雷山小過　雷火豊　雷沢歸妹　地天泰　沢天夬　火天大有

臣妾吉。不可大事也◯九四好遯君子吉小人否象傳云。君子好遯小人否也◯九五嘉遯貞吉象傳云嘉遯貞吉。以正志也◯上九肥遯无不利象傳云。肥遯无不利无所疑也

雷天大壯序卦傳云。物不可以終壯。故受之以晉

象傳云。雷在天上大壯。君子以非禮弗履

大壯利貞。雜卦傳云。大壯則止◯彖傳云。大壯。大者壯也。剛以動故壯。大壯利貞。大者正也。正大而天地之情可見矣◯初九壯于趾。征凶有孚象傳云壯于趾其孚窮也◯九二貞吉象傳云九二貞吉。以中也◯九三小人用壯君子用

羸｜音類害也
火雷噬嗑

決｜開也
火水未濟

遂｜進也
火風鼎

風地觀

天地否

雷地豫

罔。貞厲。羝羊觸藩。羸其角。象傳云。小人用壯。君子罔也。○九四。貞吉。悔亡。藩決不羸。壯于大輿之輹。象傳云。藩決不羸。尚往也。○六五。喪羊于易。无悔。象傳云。喪羊于易。位不當也。○上六。羝羊觸藩。不能退。不能遂。无攸利。艱則吉。象傳云。不能退不能遂。不詳也。艱則吉。咎不長也。

火地晉　序卦傳云。晉者進也。進必有所傷。故受之以明夷。

象傳云。明出地上晉。君子以自昭明德。

晉。康侯用錫馬蕃庶。晝日三接。雜卦傳云。晉晝也。○彖傳云。晉進也。明出

裕音尤廣也

地上順而麗乎大明。柔進而上行。是以康侯用錫馬蕃庶晝日三接也○初六晉如摧如。貞吉罔孚。裕无咎象傳云。晉如摧如獨行正也。裕无咎。未受命也○六二晉如愁如貞吉受茲介福于其王母象傳云受茲介福以中正也○六三衆允悔亡象傳云。衆允之志上行也○九四晉如鼫鼠貞厲象傳云鼫鼠貞厲位不當也○六五悔亡。失得勿恤往吉无不利象傳云。失得勿恤往有慶也○上九晉其角。維用伐邑。厲吉无咎貞吝象傳云維用伐邑道未光也

䷣地火明夷序卦傳云。夷者傷也。傷於外者必反其家。故受之以家人

地風升
地天泰
地雷復
雷火豐
水火既濟
風火家人

象傳云。明入地中明夷。君子以莅衆用晦而明。

明夷利艱貞雜卦傳云。明夷誅也○彖傳云明入地中明夷。內文明而外柔順。以蒙大難。文王以之。利艱貞晦其明也。內難而能正其志。箕子以之○初九明夷于飛垂其翼。君子于行三日不食有攸往主人有言象傳云。君子于行義不食也○六二明夷于左股用拯馬壯吉象傳云六二之吉順以則也○九三明夷于南狩得其大首不可疾貞象傳云南狩之志乃大得也○六四入于左腹獲明夷之心于出門庭象傳入于左腹獲心意也○六五箕子之明夷利貞象傳云。箕子之貞明不可息也

（三）三三ウ

（四十三）

䷸巽爲風　䷈風天小畜　䷩風雷益　䷝離爲火　䷕山火賁　閑法也　䷣地火明夷

○上六不明晦初登于天後入于地　象傳云初登于天照四國也後入于地失則也

䷤風火家人　序卦傳云家道窮必乖故受之以睽

象傳云風自火出家人君子以言有物而行有恒

家人利女貞　雜卦傳云家人内也○彖傳云家人女正位乎内男正位乎外男女正天地之大義也家人有嚴君焉父母之謂也父父子子兄兄弟弟夫夫婦婦而家道正正家而天下定矣　○

初九閑有家悔亡　象傳云閑有家志未變也　○六二无攸遂在中饋貞吉　象傳云六二之吉順以巽也　○九三家人嗃嗃悔厲吉婦

火水未濟　火雷噬嗑　火天大有　風沢中孚　天沢履（火沢睽）　雷沢帰妹

子嘻嘻終吝（象傳云。家人嗃嗃未失也。婦子嘻嘻失家節也）○六四家大吉（象傳云。富家大吉。順在位也）○九五假有家勿恤吉（象傳云。王假有家交相愛也）○上九有孚威如終吉（象傳云。威如之吉。反身之謂也）

火澤睽（序卦傳云。睽者乖也。乖必有難。故受之以蹇）

象傳云。上火下澤睽。君子以同而異

睽小事吉（雜卦傳云。睽外也○彖傳云。睽火動而上。澤動而下。二女同居。其志不同行。說而麗乎明。柔進而上行。得中而應乎剛。是以小事吉。天地睽而其事同也。男女睽而其志通也。万物睽而其事類也。睽之時用大矣哉）○初九悔亡喪馬勿逐自復見惡人无

○三三

○四十四

水天需

水風井

坎爲水

沢山咸

地山謙

艮爲山

咎。象傳云。見惡人。以辟咎也○九二遇主于巷。无咎。象傳云。遇主于巷。未失道也○六三見輿曳。其牛掣。其人天且劓。无初有終。象傳云。見輿曳。位不當也。无初有終。遇剛也○九四睽孤。遇元夫。交孚。厲无咎。象傳云。交孚无咎。志行也○六五悔亡。厥宗噬膚。往何咎。象傳云。厥宗噬膚。往有慶也○上九睽孤。見豕負塗。載鬼一車。先張之弧。後說之弧。匪寇婚媾。往遇雨則吉。象傳云。遇雨之吉。羣疑亡也

水山蹇 序卦傳云。蹇者難也。物不可以終難。故受以解

象傳云。山上有水蹇。君子反身脩德

雷沢歸妹　雷地豫　雷水解　雷山小過　地水師　沢水困　火水未濟

蹇利西南不利東北利見大人貞吉雜卦傳云蹇難也○彖傳云蹇難也險在前也見險而能止知矣哉蹇利西南往得中也不利東北其道窮也利見大人往有功也當位貞吉以正邦也蹇之時用大矣哉○初六往蹇來譽象傳云往蹇來譽宜待也○六二王臣蹇蹇匪躬之故象傳云王臣蹇蹇終无尤也○九三往蹇來反象傳云往蹇來反內喜之也○六四往蹇來連象傳云往蹇來連當位實也○九五大蹇朋來象傳云大蹇朋來以中節也○上六往蹇來碩吉利見大人象傳云往蹇來碩志在內也利見大人以從貴也

雷水解序卦傳云解者緩也緩必有所失故受之以損

象傳云雷雨作解君子以赦過宥罪

解利西南无所往其來復吉有攸往夙吉雜卦傳云解緩也○彖傳云解險以動動而免乎險解解利西南往得衆也其來復吉乃得中也有攸往夙吉往有功也天地解而雷雨作雷雨作而百果草木皆甲拆解之時大矣哉○初六无咎象傳云剛柔之際義无咎也○九二田獲三狐得黃失貞吉象傳云九二貞吉得中道也○九三負且乘致寇至貞吝象傳云負且乘亦可醜也自我致戎又誰咎也○繫辭傳云負且乘致寇至負也者小人之事也乘也者君子之器也小人而乘君子之器盜思奪之矣上慢下暴盜思伐之矣慢藏誨盜冶容誨淫易曰負且乘致寇至盜之招也○九四解而

山水蒙　山雷頤　山天大畜　天沢履　風沢中孚　水沢節

拇朋至斯孚象傳云。解而拇未當位也○六五君子維有解吉有孚于小人象傳云君子有解小人退也○上六公用射隼于高墉之上獲之无不利象傳云。公用射隼以解悖也○繫辭傳云。易曰公用射隼于高墉之上獲之无不利。子曰隼者禽也。弓矢者器也。射之者人也。君子藏器於身待時而動。何不利之有動而不括。是以出而有獲語成器而動者也

山澤損序卦傳云。損而不已必益。故受之以益

象傳云。山下有澤損。君子以懲忿窒欲

損有孚元吉无咎可貞利有攸往曷之用二簋可用

○二三　○四十六

亨 繫辭傳云。損德之修也〇又云損以遠害〇雜卦傳云。損益盛衰之始也〇又云損先難而後易〇〇彖傳云。損損下益上。其道上行。損而有孚元吉。无咎。可貞利有攸往。曷之用。二簋可用亨。二簋應有時損剛益柔有時。損益盈虛。與時偕行

〇初九已事遄往。无咎。酌損之 象傳云已事遄往尚合志也

〇九二利貞征凶弗損益之 象傳云九二利貞中以爲志也

〇六三三人行則損一人一人行則得其友 象傳云。一人行三則疑也〇繫辭傳云天地絪縕万物化醇。男女構精万物化生。易曰三人行則損一人一人行則得其友言致一也

〇六四損其疾使遄有喜无咎 象傳云損其疾亦可喜也

〇六五或益之十朋之龜弗克違元吉 象傳云六五元

風地觀　風澤節　風火家人　火雷噬嗑　山雷頤　地雷復

吉自上祐也○上九弗損益之无咎貞吉利有攸往得臣无家象傳云弗損益之大得志也

風雷益序卦傳云益而不已必決故受之以夬

象傳云風雷益君子以見善則遷有過則改

益利有攸往利涉大川繫辭傳云益德之裕也○又云益長裕而不設○又云益以興利○雜卦傳云損益盛衰之始也○彖傳云益損上益下民說无疆自上下下其道大光利有攸往中正有慶利涉大川木道乃行益動而巽日進无疆天施地生其益无方凡益之道與時偕行○初九利用爲大作元吉无咎象傳云元吉无咎下不厚事也○六二或

〇三三　〇四十七

益之十朋龜弗克違永貞吉王用享于帝吉象傳云或益之自外來也○六三益之用凶事无咎。有孚中行告公用圭象傳云益用凶事固有之也○六四中行告公從利用爲依遷國象傳云告公從以益志也○九五有孚惠心勿問元吉有孚惠我德象傳云有孚惠心勿問之矣惠我德大得志也○上九莫益之或擊之立心勿恒凶象傳云莫益之偏辭也或擊之自外來也。○繫辭傳云子曰君子安其身而後動易其心而後語定其交而後求君子修此三者故全也。危以動則民不與也懼以語則民不應也。无交而求則民不與也莫之與則傷之者至矣易曰莫益之或擊之立心勿恒凶

沢山咸

沢火革

兌爲沢

水天需

雷天大壯

乾爲天 頄音氣

䷪ 澤天夬

序卦傳云。夬者決也。決必有所遇。故受之以姤

象傳云。澤上於天夬。君子以施祿及下。居德則忌。

夬揚于王庭。孚號有厲。告自邑。不利即戎。利有攸往。

雜卦傳云。夬決也。剛決柔也。君子道長。小人道憂也。

〇彖傳云。夬決也。剛決柔也。健而說。決而和。揚于王庭。柔乘五剛也。孚號有厲。其危乃光也。告自邑不利即戎。所尚乃窮也。利有攸往。剛長乃終也。

〇初九壯于前趾。往不勝爲咎。象傳云。不勝而往。咎也。

〇九二惕號莫夜有戎。勿恤。象傳云。有戎勿恤。得中道也。

〇九三壯于頄。有凶。君子夬夬。獨行遇雨。若濡有慍。无咎。象傳云。君子夬夬。終无咎也。

䷪ 四十八

天火同人 次且深也

天山遯

天地否

山風蠱

火風鼎

澤風大過

○九四臀无膚。其行次且。牽羊悔亡。聞言不信象傳云其行次且位不當也聞言不信聰不明也○九五莧陸夬夬中行无咎象傳云中行无咎中未光也○上六无號終有凶象傳云无號之凶終不可長也

天風姤序卦傳云。姤者遇也物相遇而後聚故受之以萃

象傳云。天下有風姤。后以施命誥四方。

姤。女壯。勿用取女雜卦傳云姤遇也。柔遇剛也○彖傳云姤遇也。柔遇剛也。勿用取女。不可與長也。天地相遇品物咸章也。剛中正天下大行也。姤之時義大矣哉○初六繫于金柅。貞吉。有攸往見凶。羸豕孚蹢躅象傳云。繫于金柅柔道牽也

沢雷隨

沢水困

次且難進也
沢風大過

水地比

雷地豫

天地否

○九二包有魚。无咎。不利賓。象傳云包有魚義不及賓也○九三臀无膚其行次且厲无大咎。象傳云其行次且行未牽也○九四包无魚起凶。象傳云无魚之凶遠民也○九五以杞包瓜含章有隕自天。象傳云九五含章中正也有隕自天志不舍命也○上九姤其角吝无咎。象傳云姤其角上窮吝也

澤地萃 序卦傳云萃者聚也聚而上者謂之升故受之以升

象傳云。澤上於地萃。君子以除戎器戒不虞

萃亨王假有廟利見大人亨利貞用大牲吉利有攸

四十九

往雜卦傳云。萃聚而○彖傳云萃聚也順以說。剛中而應故聚也。王假有廟致孝享也。利見大人亨聚以正也。用大牲吉利有攸往。順天命也○初六有孚觀其所聚而天地万物之情可見矣
不終乃亂乃萃。若號一握爲笑勿恤往无咎象傳云乃亂乃萃其志亂也○六二引吉无咎。孚乃利用禴象傳云。引吉无咎中未變也○六三萃如嗟如。无攸利。往无咎小吝象傳云往无咎上巽也○九四大吉无咎象傳云大吉无咎位不當也○九五萃有位无咎。匪孚元永貞悔亡象傳云萃有位志未光也○上六齎咨涕洟无咎象傳云齎咨涕洟未安上也

䷣ 地火明夷

䷎ 地山謙

䷁ 坤為地

䷟ 雷風恒

䷯ 水風井

䷸ 巽為風

䷭ 地風升 序卦傳云。升而不已必困。故受之以困

象傳云。地中生木升。君子以順德積小以高大

升元亨。用見大人勿恤。南往吉 ○雜卦傳云。升不來也 彖傳云。柔以時升巽而順。剛中而應。是以大亨。用見大人勿恤。有慶也。南征吉。志行也。○初六允升大吉。象傳云。允升大吉。上合志也 ○九二孚乃利用禴无咎 象傳云。九二之孚有喜也 ○九三升虛邑 象傳云。升虛邑无所疑也 ○六四王用亨于岐山吉无咎 象傳云。王用亨于岐山順事也 ○六五貞吉升階 象傳云。貞吉升階大得志也 ○上六冥升。利于不息之貞 象傳云。冥升在上消不富也

☷☴ ウ 五十

兌為沢

沢地萃

沢山咸

坎為水

雷水解

天水訟

澤水困　序卦傳云。困乎上者必反下故受之以井

象傳云。澤无水困。君子以致命遂志。

困亨貞大人吉。无咎有言不信。繫辭傳云。困德之辨也○又云困窮而通○又云困以寡怨○雜卦傳云。困相遇也○彖傳云。困剛揜也儉以說。困而不失其所亨其唯君子乎。貞大人吉。以剛中也。有言不信。尚口乃窮也○初六臀困于株木入于幽谷三歳不覿。象傳云。入于幽谷幽不明也○九二困于酒食。朱紱方來利用亨祀。征凶无咎象傳云。困于酒食中有慶也○六三困于石。據于蒺蔾入于其宮。不見其妻凶象傳云。據于蒺蔾。乘剛也。入于

水火既濟

水山蹇

水地比

沢風大過

地風升

山風蠱

其宮。不見其妻。不祥也○繫辭傳云。易曰困于石據于蒺藜。入于其宮。不見其妻。凶。子曰非所困而困焉。名必辱。非所據而據焉。身必危。既辱且危死期將至妻其可得見邪○九四來徐徐。困于金車。吝有終。象傳云。來徐徐。志在下也。雖不當位有與也○九五劓刖。困于赤紱。乃徐有說。利用祭祀。象傳云。劓刖。志未得也。乃徐有說以中直也。利用祭祀受福也○上六困于葛藟。于臲卼。曰動悔。有悔征吉。象傳云。困于葛藟。未當也。動悔有悔吉行也。

水風井 序卦傳云。井道不可不革。故受之以革

象傳云。木上有水井。君子以勞民勸相

五十

井改邑不改井无喪无得往來井井。汔至亦未繘井羸其瓶凶繫辭傳云。井德之地也〇〇又云井居其所而遷〇又云井以辯義〇彖傳云。巽乎水而上水井井養而不窮也。改邑不改井。乃以剛中也。汔至亦未繘井未有功也。羸其瓶是以凶也〇初六井泥不食舊井无禽象傳云。井泥不食下也。舊井无禽時舍也〇九二井谷射鮒甕敝漏象傳云井谷射鮒无與也〇九三井渫不食。爲我心惻可用汲。王明並受其福象傳云。井渫不食行惻也。求王明受福也〇六四井甃无咎象傳云。井甃无咎脩井也〇九五井洌寒泉食象傳云。寒泉之食中正也〇上六井收勿幕有孚元吉象傳云。元吉在

䷛ 沢風大過　䷪ 沢天夬　䷐ 沢雷随　䷾ 水火既済　䷶ 雷火豊　䷌ 天火同人

上大成也

䷰ 澤火革 序卦傳云革物者莫若鼎故受之以鼎

象傳云。澤中有火革。君子以治暦明時

革已日乃孚。元亨利貞悔亡 雜卦傳云。革去故也○彖傳云革水火相息。二女同居。其志不相得。曰已日乃孚。革而信之。文明以說。大亨以正。革而當。其悔乃亡。天地革而四時成。湯武革命順乎天而應乎人。革之時大矣哉○初九鞏用黄牛之革 象傳云鞏用黄牛不可以有為也○六二已日乃革之征吉无咎 象傳云。已日革之行有嘉也○九三征凶。貞厲革言三就有孚 三象傳云革言三就。又何之也

○三三三三三ウ

○五十二

䷝ 離爲火

䷷ 火山旅

䷢ 火地晉 蔚盛也

䷸ 巽爲風 凝定也

䷑ 山風蠱

䷟ 雷風恒

矣○九四悔亡。有孚改命吉 象傳云。改命之吉信志也○九五大人虎變未占有孚 象傳云。大人虎變。其文炳也 ○上六君子豹變小人革面。征凶居貞吉 象傳云。君子豹變。其文蔚也。小人革面順以從君也

䷱ 火風鼎 序卦傳云主器者莫若長子。故受之以震

象傳云。木上有火鼎。君子以正位凝命

鼎元吉亨 雜卦傳云。鼎取新也○彖傳云。鼎象也。以木巽火亨飪也。聖人亨以享上帝而大亨以養聖賢巽而耳目聰明柔進而上行得中而應乎剛是以元亨 ○初六鼎顚趾利出否。得妾以其子无咎 象傳云。鼎顚趾未悖也。利出否以從貴也○九二

䷏ 雷地豫

䷵ 雷沢歸妹

䷶ 雷火豊

䷗ 地雷復

䷐ 沢雷随

䷔ 火雷噬嗑

鼎有實我仇有疾不我能即吉象傳云。鼎有實愼所之也。我仇有疾終无尤也○九三鼎耳革其行塞雉膏不食方雨虧悔終吉象傳云。鼎耳革失其義也○九四鼎折足覆公餗其形渥凶象傳云。覆公餗信如何也○繫辭傳云。子曰德薄而位尊知小而謀大。力小而任重。鮮不及矣。易曰鼎折足覆公餗其形渥凶。言不勝其任也○六五鼎黃耳金鉉利貞象傳云。鼎黃耳中以爲實也○上九鼎玉鉉。大吉。无不利象傳云玉鉉在上剛柔節也

䷲ 震爲雷序卦傳云。震者動也。物不可以終動。止之。故受之以艮

象傳云。洊雷震。君子以恐懼脩省

䷲ 五十三

震亨。震來虩虩。笑言啞啞。震驚百里。不喪匕鬯。雜卦傳云震起也○彖傳云。震亨。震來虩虩。恐致福也。笑言啞啞。後有則也。震驚百里。驚遠而懼邇也。出可以守宗廟社稷。以爲祭主也○初九。震來虩虩。後笑言啞啞。吉。象傳云。震來虩虩。恐致福也。笑言啞啞。後有則也○六二。震來厲。億喪貝。躋于九陵。勿逐。七日得。象傳云。震來厲。乘剛也○六三。震蘇蘇。震行无眚。象傳云。震蘇蘇。位不當也○九四。震遂泥。象傳云。震遂泥。未光也○六五。震往來厲。億无喪有事。象傳云。震往來厲。危行也。其事在中。大无喪也○上六。震索索。視矍矍。征凶。震不于其躬。于其鄰。无咎。婚媾

䷙ 山天大畜　䷑ 山風蠱　䷃ 山水蒙　䷠ 天山遯　䷴ 風山漸　䷦ 水山蹇

有眚象傳云。震索索。中未得也。雖凶无咎畏鄰戒也

䷳

艮為山序卦傳云艮者止也。物不可以終止。故受之以漸

象傳云。兼山艮。君子以思不出其位

艮其背不獲其身行其庭不見其人无咎雜卦傳云艮止也

○彖傳云。艮止也時止則止。時行則行。動靜不失其時其道光明。艮其止。止其所也。上下敵應不相與也。是以不獲其身。行其庭不見其人无咎也

○初六艮其趾无咎利永貞象傳云艮其趾未失正也

○六二艮其腓不拯其隨其心不快象傳云不拯其隨未退聽也

○九三艮其限列其夤厲薰心象傳云艮其限危薰

五十四

䷈ 風天小畜　䷸ 巽爲風　䷺ 風水渙　䷷ 火山旅　䷳ 艮爲山　䷎ 地山謙

心也。○六四艮其身。无咎。象傳云。艮其身。止諸躬也。○六五艮其輔。言有序。悔亡。象傳云。艮其輔。以中正也。○上九敦艮吉。象傳云。敦艮之吉。以厚終也。

䷴ 風山漸　序卦傳云。漸者進也。進必有所歸。故受之以歸妹。

象傳云。山中有木漸。君子以居賢德善俗。

漸女歸吉。利貞。雜卦傳云。漸女歸待男行也。○彖傳云。漸之進也。女歸吉也。進得位。往有功也。進以正。可以正邦也。其位剛得中也。止而巽。動不窮也。○初六鴻漸于干。小子厲。有言。无咎。象傳云。小子之厲。義无咎也。○六二鴻漸于磐。飲食衎衎吉象傳云飲食衎衎不素飽也○九三鴻漸于陸夫征不復婦孕不育凶利禦寇象傳云夫征不復離群醜也婦孕不育失其道也利用禦寇順相保也○六四鴻漸于木或得其桷无咎象傳云或得其桷順以巽也○九五鴻漸于陵婦三歲不孕終莫之勝吉象傳云終莫之勝吉得所願也○上九鴻漸于陸其羽可用爲儀吉象傳云其羽可用爲儀吉不可亂也

䷵ 雷澤歸妹 序卦傳云得其所歸者必大故受之以豐

象傳云澤上有雷歸妹君子以永終知敝

歸妹。征凶。无攸利雜卦傳云。歸妹。女之終也○彖傳云。歸妹。天地之大義也。天地不交而萬物不興。歸妹人之終始也。說以動。所歸妹也。征凶。位不當也。无攸利。柔乘剛也。○初九歸妹以娣。跛能履。征吉象傳云歸妹以娣以恒也。跛能履吉。相承也○九二眇能視。利幽人之貞象傳云利幽人之貞。未變常也○六三歸妹以須。反歸以娣象傳云。歸妹以須。未當也○九四歸妹愆期。遲歸有時象傳云。愆期之志。有待而行也○六五帝乙歸妹。其君之袂。不如其娣之袂良。月幾望。吉。象傳云。帝乙歸妹。不如其娣之袂良也。其位在中。以貴行也○上六女承筐无實。士刲羊无血。无攸利象傳云上六无

䷟雷風恒 ䷡雷天大壯 ䷲震爲雷 ䷣地火明夷 ䷰沢火革 ䷝離爲火

沫小星也

實承虛筐也

䷶雷火豐 序卦傳云豐者大也窮大者必失其居故受之以旅

象傳云雷電皆至豐君子以折獄致刑

豐亨王假之勿憂宜日中 雜卦傳云豐多故親寡旅也○彖傳云豐大也明以動故豐王假之尚大也勿憂宜日中宜照天下也日中則昃月盈則食天地盈虛與時消息而況於人乎況於鬼神乎

○初九遇其配主雖旬无咎往有尚 象傳云雖旬无咎過旬災也

○六二豐其蔀日中見斗往得疑疾有孚發若吉 象傳云有孚發若信以發志也

○九三豐其沛日中見沫折其

○䷶ 五十六

火天大有　火風鼎　火水未濟　風山漸　旅 師旅也　天山遯　雷山小過

右肱无咎。象傳云豐其沛不可大事也。折其右肱終不可用也○九四豐其蔀日中見斗遇其夷主吉象傳云豐其蔀位不當也。日中見斗幽不明也。遇其夷主吉行也○六五來章有慶譽吉象傳云六五之吉有慶也○上六豐其屋蔀其家闚其戶闃其无人三歲不覿凶象傳云豐其屋天際翔也闚其戶闃其无人自藏也

火山旅序卦傳云。旅而无所容故受之以巽

象傳云。山上有火旅。君子以明慎用刑而不留獄

旅小亨旅貞吉雜卦傳云。親寡旅也○彖傳云旅小亨柔得中乎外。而順乎剛止而麗乎

風火家人　風山漸　風地觀　火風鼎　山風蠱　地風升

明。是以小亨。旅貞吉也。旅之時義大矣哉○初六旅瑣瑣斯其所取災象傳云旅瑣瑣志窮災也○六二旅即次懷其資得童僕貞象傳云得童僕貞。終无尤也○九三旅焚其次喪其童僕貞厲象傳云旅焚其次亦以傷矣。以旅與下。其義喪也○九四旅于處得其資斧我心不快象傳云。旅于處未得位也。得其資斧。心未快也○六五射雉一矢亡終以譽命象傳云終以譽命上逮也○上九鳥焚其巢旅人先笑後號咷喪牛于易凶象傳云。以旅在上。其義焚也。喪牛于易。終莫之聞也

巽爲風序卦傳云。巽者入也入而後說之。故受之以兌

象傳云。隨風巽。君子以申命行事
巽小亨。利有攸往。利見大人○繫辭傳云巽德之制也。又云巽稱而隱○又
云巽以行權○雜卦傳云。巽伏也○彖傳云。重巽以申命。剛巽乎中正。而志行。柔皆順乎剛。是以小亨。利
有攸往。利見大人○初六進退。利武人之貞象傳云進退志疑也。利武人之
貞志治也○九二巽在牀下。用史巫紛若。吉无咎象傳云紛若之
吉得中也○九三頻巽吝象傳云頻巽之吝志窮也○六四悔亡。田獲
三品象傳云田獲三品。有功也○九五貞吉悔亡。无不利。无初有
終。先庚三日。後庚三日吉象傳云九五之吉。位正中也○上九巽

沢水困　沢雷隨　沢天夬　水沢節　雷沢歸妹　天沢履

在牀下喪其資斧貞凶象傳云巽在牀下上窮也喪其資斧正乎凶也

☱☱

兌爲澤序卦傳云兌者說也說而後散之故受之以渙

象傳云麗澤兌君子以朋友講習

兌亨利貞雜卦傳云兌見而巽伏也〇彖傳云兌說也剛中而柔外說以利貞是以順乎天而應乎人說以先民民忘其勞說以犯難民忘其死說之大民勸矣哉〇初九和兌吉象傳云和兌之吉行未疑也〇九二孚兌吉悔亡象傳云孚兌之吉信志也〇六三來兌凶象傳云來兌之凶位不當也〇九四商兌未寧介疾有喜象傳云九四之喜有慶也〇九五孚于剝有厲象傳云孚于剝位正當也〇

〇三二三　〇五十八

風澤中孚

風地觀

風山漸

風水渙

坎爲水

地水師

上六引兌象傳云上六引兌未光也

風水渙序卦傳云。渙者離也物不可以終離故受之以節

象傳云風行水上渙。先王以享于帝立廟

渙亨王假有廟利涉大川利貞雜卦傳云渙離也○彖傳云渙亨剛來而不窮。柔得位乎外。而上同王假有廟王乃在中也。利涉大川乘木有功也○初六用拯馬壯吉象傳云初六之吉。順也○九二渙奔其机悔亡象傳云渙奔其机得願也○六三渙其躬无悔象傳云渙其躬志在外也○六四渙其群元吉。渙有丘匪夷所思。象傳云渙其群元吉。光大也○九五渙汗

坎爲水　水雷屯　水天需　兌爲沢　地沢臨　山沢損

其大號。渙王居无咎象傳云。王居无咎。正位也○上九渙其血去逖出无咎象傳云渙其血。遠害也

水澤節序卦傳云節而信之故受之以中孚

象傳云。澤上有水節。君子以制數度議德行

節亨苦節不可貞雜卦傳云。節止也○彖傳云節亨剛柔分而剛得中。苦節不可貞其道窮也。説以行險當位以節。中正以通天地節而四時成節以制度不傷財不害民○初九不出戸庭无咎象傳云不出戸庭知通塞也○繫辭傳云。不出戸庭无咎子曰亂之所生也則言語以爲階君不密則失臣。臣不密則失身。幾事不密則害成是以君子愼密而不出也○九二

五十九

不出門庭凶象傳云。不出門庭凶。失時極也○六三不節若。則嗟若无咎象傳云不節之嗟又誰咎也○六四安節亨。象傳云。安節之亨承上道也○九五甘節吉。往有尚象傳云甘節之吉居位中也○上六苦節貞凶悔亡象傳云苦節貞凶其道窮也

風澤中孚序卦傳云。有其信者必行之。故受之以小過

象傳云。澤上有風中孚。君子以議獄緩死

中孚豚魚吉。利渉大川利貞雑卦傳云。中孚信也○彖傳云。中孚。柔在内而剛得中。説而巽孚乃化邦也。豚魚吉。信及豚魚也。利渉大川。乗木舟虚也。中孚以利貞乃應乎天也○

雷天大壯　雷風恒　雷水解　地山謙　沢山咸　火山旅

初九虞吉。有他不燕。象傳云。初九虞吉。志未變也。○九二鳴鶴在陰。其子和之。我有好爵。吾與爾靡之。象傳云。其子和之。中心願也。○六三得敵。或鼓或罷。或泣或歌。象傳云。或鼓或罷。位不當也。○六四月幾望。馬匹亡。无咎。象傳云。馬匹亡。絶類上也。○九五有孚攣如。无咎。象傳云。有孚攣如。位正當也。○上九翰音登于天。貞凶。象傳云。翰音登于天。何可長也。

雷山小過　序卦傳云。有過物者必濟。故受之既濟。

象傳云。山上有雷小過。君子以行過乎恭。喪過乎哀。

六十

二用下有過字

用乎儉

小過亨利貞可小事不可大事飛鳥遺之音不宜上宜下大吉雜卦傳云小過過也○彖傳云小過小者過而亨也過以利貞與時行也柔得中是以小事吉也剛失位而不中是以不可大事也有飛鳥之象焉飛鳥遺之音不宜上宜下大吉上逆而下順也○初六飛鳥以凶象傳云飛鳥以凶不可如何也○六二過其祖過其妣不及其君遇其臣无咎象傳云不及其君臣不可過也○九三弗過防之從或戕之凶象傳云從或戕之凶如何也○九四无咎弗過遇之往厲必戒勿用永貞象傳云弗過遇之位不當也往厲必

水風井　水天需　水火既濟　沢火革　地火明夷　山火賁

戒終不可長也○六五密雲不雨自我西郊公弋取彼在穴
象傳云密雲不雨已上也○上六弗遇過之飛鳥離之凶是謂
災眚象傳云弗遇過之已亢也

水火既濟序卦傳云物不可窮也故受之以未濟終焉
象傳云水在火上既濟君子以思患而豫防之
既濟亨小利貞。初吉終亂雜卦傳云既濟定也○彖傳云既濟亨小者亨也利
貞剛柔正而位當也。初吉柔得中也終止則亂其道窮也○初九曳其輪濡其尾
无咎象傳云曳其輪義无咎也○六二婦喪其茀勿逐七日得象傳

六十二

䷥ 火沢睽

䷢ 火地晉

䷷ 火山旅

䷺ 風水渙

䷅ 天水訟

䷧ 雷水解

云七日得以中道也○九三高宗伐鬼方三年克之小人勿用象傳云三年克之憊也○六四繻有衣袽終日戒象傳云終日戒有所疑也○九五東鄰殺牛不如西鄰之禴祭實受其福象傳云東鄰殺牛不如西鄰之時也實受其福吉大來也○上六濡其首厲象傳云濡其首厲何可久也

䷿ 火水未濟

象傳云。火在水上未濟。君子以愼辨物居方

未濟亨。小狐汔濟。濡其尾无攸利雜卦傳云未濟男之窮也○彖傳云未濟亨。柔得中也。小狐汔濟。未出中也。濡其尾。无攸利。不續終也。雖不當位。剛柔應也◯初六濡其尾吝象傳云。濡其尾亦不知極也◯九二曳其輪貞吉象傳云九二貞吉中以行正也◯六三未濟征凶利涉大川象傳云未濟征凶位不當也◯九四貞吉悔亡。震用伐鬼方。三年有賞于大國象傳云貞吉悔亡志行也◯六五貞吉无悔君子之光。有孚吉象傳云君子之光其暉吉也◯上九有孚于飲酒。无咎。濡其首有孚失是象傳云飲酒濡首亦不知節也

周易便覽終

（一六十二ア）

乾爲天 十八下
天沢履 廿六下
天火同人 廿七ウ
天雷无妄 三十六
天風姤 四十九
天水訟 二十三下
天山遯 四十一
天地否 廿七

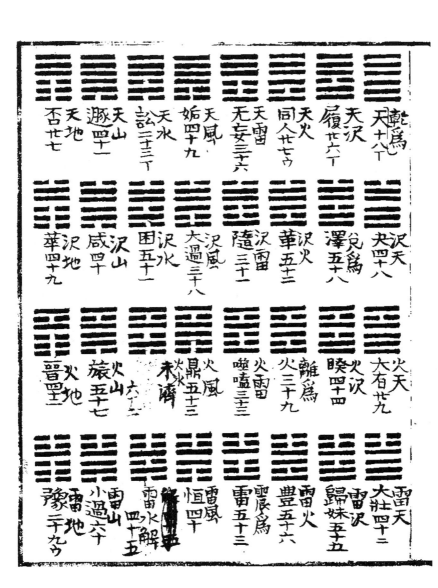

沢天夬 四十八
兌爲澤 五十八
沢火革 五十三
沢雷隨 三十一
沢風大過 三十八
沢水困 五十一
沢山咸 四十
沢地萃 四十九

火天大有 廿九
火沢睽 四十四
離爲火 三十九
火雷噬嗑 三十三
火風鼎 五十三
火水未濟 六十二
火山旅 五十七
火地晉 四十二

雷天大壯 四十二
雷沢歸妹 五十五
雷火豐 五十六
震爲雷 五十三
雷風恒 四十
雷水解 四十五
雷山小過 六十
雷地豫 二十九ウ

風天 小畜廿五
風沢 中孚六十
風火 家人四十四
風雷 益四十七
巽爲風 五十七
風水 渙五十九
風山 漸五十五
風地 觀三十三

水天 需廿三下
水沢 節五十九
水火 既濟六十一
水雷 屯二十一
水風 井五十二
坎爲水 三十八
水山 蹇四十五
水地 比廿四下

山天 大畜三十六
山沢 損四十六
山火 賁三十四
山雷 頤三十七
山風 蠱三十一
山水 蒙廿三下
艮爲山 五十四
山地 剝三十四

地天 泰廿六
地沢 臨三十二
地火 明夷四十三
地雷 復三十五
地風 升五十
地水 師二十四下
地山 謙三十九
坤爲地 二十下

禮記備考

［日］山県太華　撰

禮記備考

一

禮記

曲禮上

盖取篇首二字以為名也此篇汎雜收禮家之言不獨專記曲禮然通篇主威儀曲折其它附載之則篇之所由名盖亦取義於茲矣○曲委曲曲折之義曲禮即威儀

○曲禮曰　此下三句盖古曲禮之遺文記者收之以置首耳或從下四句皆以為曲禮之文亦一說

○毋不敬云云　孔疏明悉　禎按古之長

民者皆以脩身爲本身脩而後可以安民也孔子曰脩己以安百姓盖此三句皆君子脩身之要故記者賛之曰安民哉

○安安而能遷　以上一節記賢者之行也

○朱子曰雖安安而能徙義可以爲法也

按此句鄭亦通鄭朱兼而義全

○疑事毋質云云　二句一節集説曰質者有决而正之之意也得之鄭訓成未的直如我且直之之直有如有其善喪厥善之有

○若夫　朱子引劉原父極明確。

○立如齊　云如齊者，言其端正愼肅也。疏曰：雖不齊，亦當如祭前之齊，是也。鄭注以視聽言之，似拘。此二句蓋主侍於尊者若行禮之時，言其坐立之法耳。

○宦學　吳澄得之。按左傳靈輒曰：宦三年矣，是蓋言游學，則宦學不可分而二之矣。且夫學則學先王治民之道也，學成而後可入官矣。學記曰：宵雅肄三，官其初也。古者學先王之道之外

豈別有學仕宦之事哉先儒之說何爲
莽

○不離禽獸　或曰禽疑走之誤孟子曰
麒麟之於走獸鳳凰之於飛鳥可以為
証亦一說

○聖人作為禮　作為連讀朱子陳澔
於聖人作絶句非是　義疏亦有辨

○使人以有禮知自別於禽獸
聖人制為禮使人自有禮而知自當別
於禽獸之父子聚麀也

○負販者　言販夫販婦之負荷者也方慤曰負者惟以力為事販者惟以利為事　按方氏分負販為二亦一說

○八十九十曰耄　按陸音本或作八十曰耋九十曰耄蓋今本八十下脫曰耋二字可

○不得謝　謝猶辭言去職也注僞之君恐非

○三賜不及車馬　胡銓吳澄皆以三賜為賜與諸人與舊說不同亦或一說

○居不主奥　鄭氏以為此謂與父同宮者也。蓋雖父子異宮者，亦當然。自此以下四句，汎言敬親之意也。

○不許友以死　呂大臨、黄震、林光朝等皆以為是非聖代之事，駁說極確。禎按：雖先王之時，鄉俗之間，不可必無是事，則因以戒之者歟。

負劍　未詳。或曰：是真負劍也，為其在前不便，負之於背，是長者之事。一曰連上文，為童子之事。按偶諸上文，則於

文爲順然童子帶劒不它見則未知是
否耳
○辟咡 注傾頭是也少儀曰有問焉則
辟咡而對亦同義
○不越路而與人言 蓋踰先生而進與
人言也越如越位之越或曰與先生之前
路者遥相語也
○毋踏席 朱子以升席自前爲踏席
是據玉藻爲說是矣
○摳衣 提攀衣衽從持裳也是言衣

而該裳

○主人請入為席然後出迎客

或曰十二字一句入為席以下即是主人請於客之辭而客字疑衍

○拾級聚足　呂大臨得之

是就一人言之一級則先進左足一級則先進右足也

○連步以上　是就二人言之蓋賓主兩階足相隨而上但客後于主人一等

○先右足　先右足先左足言初就階之

時廿一。

○如橋衡　未詳姑從注疏。

○請席何鄉　席衽盖一物因坐卧異名耳。

○戒勿越　跨越而過之也義疏為播越之義似鑿。

○毋儳言　儳參錯失次貌長者之言未及而先降故曰儳言。

○毋餘席　注云為有後來者五字可删豈為有後來者必盡下席而待之哉恐

無是理

○尊客之前不叱狗云云　皆為不敬也

鄭注似鑿

○遊毋倨　遊盖遊息也

○兄弟弗與同席而坐　是不言姪者畧文耳

○父子不同席　是承上女子子之文盖父子之間無避嫌之義然男女之别不可不正也

○毋反魚肉　義疏云反還也是與鄭

義同姚舜牧以為器中尚有餘不必以箸反撥而盡食之也亦或一說

○侍飲於長者　是非必言鄉飲酒燕禮之類亦自平日侍飲之禮爾

○酒進則起云云　長者親酌賜少者少者起受爵執之至於尊所將拜受也必於尊所者如親酌之然也長者辭其拜於是乎少者反席而後飲也注云燕飲之禮鄉尊是非必言燕禮則鄉尊之所在未可知耳

○長者擧未釂云云 是平生侍飲之禮故賓主各有爵玉藻士相見所記君臣之禮故與此異

○長者賜少者 疏為凡受賜之禮得之徐師曾承上文為賜酒食恐非

○御食於君 御與下文御同之御同或云侍食或云御食變文耳

○偶坐不辭 亦不辭貳也從上為一節

○副之華之 字義未詳姑從旧說

○行不翔 以下皆兼童子言之也

○獻車馬者執策綏　獻馬者執策獻車者操綏也

○獻田宅者　孔疏以為古者田宅悉為官所賦本不屬民或有重勳為君上所賜故得有獻　按是記者因後世之法言之耳

○執禽者左首　亦主人在左也○是句上文獻鳥者佛其首其義互發

○君言　言猶命也注引聘禮似拘

○禮曰君子抱孫　未詳姑從張子及義疏特稱禮曰者下將置釋辭故先舉此二字

也。

○載青旌　載字與上二載義自異。

○此亦士之辱也　士對卿大夫則是孔子為中都宰子游為武城宰之類。疏曰地采地士邑宰恐非。

○不諱王父母　是言一廟之士也。注云此謂庶人恐非。

○大夫之所有公諱　是雖有公諱尚無私諱也。

○臨文不諱　云文者除詩書之外汎言之

也。○全經曰文作文章。未必然。

○卜筮不相襲　以上一節。皆言卜筮時日之事。而不及他事。周禮筮人曰凡國之大事。先筮而後卜。是大事卜筮兼用。則注云大事卜小事筮者。未必然。義疏可併見。

○必踐之　言必用其所筮之日也。

○五步而立　五步蓋就馬言之也。

○門閭溝渠必步　此步亦言馬也。家語云步驟馳騁朝禮畢矣。是馬亦以步言之。步者緩行也。王炎勝舊註。

○故君子式黄髮　故字上無所承是或字
若夫坐如尸之若夫同例
○大夫士必自御之　張子曰御謂御車也奉
君命而召雖所召者賤使者當自御之義
疏從注説取之存異　按上下文皆記乘
車之禮則此節張子似勝
○萎拜　未詳陸音萎挫也疏云戎容豎
豎著甲而拜則挫損其威容今姑從之
○乘君之乘車　或曰注因御者言恐未
然是蓋言御者之外別有乘之者也

○以策彗卹勿驅　未詳姑從義疏

曲禮下

○其有藉者則裼　裼袒也袒朝服而見裘謂之裼掩而不見謂之襲舊説以為别右裼衣襲衣而又加朝服於其上然是經傳之所無未可從矣物氏茂卿之説得之見于論語徵

○君大夫之子　集註以為列國之君與天子之大夫其子皆不敢自稱余小子是

分君大夫而為二。與鄭異。亦自一說。或曰。

集註近是。

○去國三世　言三世之後也。下同。

○爵祿有列於朝　朝下當加則字看之。

○凡宗族猶存　據鄭意。則此二句當在無詔於國之下。或說誤在此。與或曰此句。承上句。言己告于故國之君。從及凡宗族也。

○唯興之日從新國之法

蓋去國而三世以前。則雖爵祿無列於朝。

尚當出入有詔于本國歷三世之後無有列於朝而後無復詔也雖然未仕于他國則尚當從旧國之法唯興之日而後從新國之法耳此云法者亦唯言上所謂祭祀之禮居喪之服哭泣之位其他則固當從新國之俗也○又按雖未三世興而仕新國則從其法未仕則雖十世猶從旧國之法故云唯興之日也

○無田禄者　無田禄有田禄專據士言之上文家造字不冒及于此○又按此一

節言諸侯大夫士營室造器之叙也君子稱諸侯家造指大夫有無田祿者皆言士也諸侯言營宮大夫士言造器互文也

○大夫士去國　孔疏待放之說王安石駁之曰恐無此禮孔子屢仕屢去豈常行待放之禮乎　按孔疏據公羊然公羊亦戰國之說未可必據信焉安石引孔子為證亦足哀周之事恐難為確據矣

○非見國君　此國君言其君與上文下文國君自異

○國君去其國　國君死社稷恐無去國之義此疑因春秋以後之事而記之

○畛於鬼神　畛字未詳呂大臨以為畛猶畦畛之相接然豈交際之際同義亦一說○鬼神蓋兼人鬼及山川言之

○有世婦有嬪　世婦在嬪上蓋顛倒耳呂大臨以為異代之制未必然

○天子建天官云云　鄭以為異代之制義疏合諸周官而為說未知孰是

○五官致貢曰享　未詳姑從舊說

○於外曰公　是在國外而自人稱之之辞國外兼畿外言之注獨擧畿内非是

○未及期相見　是既為定期適有事先其期而相見也

○自稱於諸侯曰寡小君　未詳呂大臨曰臣下稱諸異邦之辞義疏曰擯使將命之辞理或當然耳　或曰自字疑衍

○使者自稱曰某　疏以為玉藻所謂大夫私事使方慤以為大夫遣其臣使于諸

使方愨似勝

○醫不三世不服其藥　是臣子所以為其君親盡心致慎也。其他則未必然。

○問國君之年　此節與少儀不同，蓋記者有異聞耳。義疏以為互言，恐未然。

○祭五祀　鄭以此為殷制，引祭法以證周制，非矣。義疏論辨盡之。

○歲徧　總上數事而言之。

○一元大武　牛特言一頭者，蓋尊異之也。

○四足曰漬　漬字未詳。

○夫曰皇辟　或曰皇大也辟君也

○天子視不上於袷云云

義疏以為是天子及國君大夫士視人之法此說為穩協蓋視人高則敖卑則憂傾則姦故雖天子其視必有節也

○衡視　衡與上奉天子之器則上衡之衡同

○君命大夫與士肄　或曰此自一節不與下文相涉君命大夫句與士肄句蓋言君命大夫以使者若祭祀之類凡大事則須

與士肆習其事也。士蓋屬官也。

○野外軍中無摯　無摯下當加則字看之。蓋言野外及軍中而相遇適無摯。則以纓拾矢之類亦可也。

○曰備百姓　或曰。百姓。猶曰百官也。湛子云。備百姓者。嬪婦妻妾之數足也。

檀弓上

○檀弓免焉　義疏亦一說。然本文特言免。則鄭亦不爲無理。

○舍其孫而立其子　檀弓。蓋見其立喪位而知之也。

○致喪　言極哀戚之情。

○有犯而無隱　無隱。言對君不敢隱其過失也。注似誤。

○方喪　言居喪如制也。

○子上之母死而不喪　此章子思之所爲。似可疑者。是或記者傳聞之誤已。

○子之先君子　先君子。疏以爲孔子。義疏以爲孔子無出妻之事。先君子非作

孔子泛然言之未知孰是

○拜而后稽顙　下篇云拜稽顙哀戚之至隱也則此蓋周之制也稽顙而后拜者乃殷之禮也○稽顙與稽首同因吉凶異其名耳

○古不脩墓　陳澔以為流涕者自傷不能謹之於封築之時或曰脩墓與易墓同義孔子居喪易為慼是因其失古制亦流涕已未知與陳澔孰是

○亡則弗之忘　鄭以亡字屬上非是

〇無一朝之患　終身哀慕父母是以不爲惡所以無一朝之患也

〇大事斂　陳祥道引左傳及祭義以大事斂爲祭喪二事似勝舊注

〇布幕衛也縿幕魯也　二句自一節諸家連上辭之末安注云衛諸侯禮魯天子禮兩言之者僭已久矣亦恐不然此唯言有魯衛之異耳〇縿幕未詳幕即下文所云椁幕丹質之幕

〇馬驚敗績　義疏引呂氏以績字爲

為行。未安。或曰。此時魯初敗績。因二人死敵。魯終得勝之。或曰。記者有傳聞之異也。

○末之卜也　或曰。卜。卜御右也。未知何義。疏孰是。

○夫子之病革矣　或曰。革。變革之革。

○充充　充塞貌。於此時孝子之心充塞憂慼。至大祥而後情意始廓然也。

○瞿瞿　與詩所謂狂夫瞿瞿義同。

○郳婁　婁。郳之餘聲。猶越加于於呼之。郳越皆夷。故有此辭。

○復之以矢　蓋以所有也。孔疏似鑿。

○蓋榛以為笄云云
是因孔子言。附錄笄總之制也。疏以為孔子誨之之辭。非是。此云蓋者，記者不決之辭。

○孟獻子禫　禫祥之說，諸家紛然，難一定。士虞禮中月而禫。與中年考校同語例。言祥後閒一月也。下文曰是月禫，是二者其義不合。王肅以為中月猶曰月中。然於辭似未安。蓋亦記者有異聞歟。或曰中月與中田中道中谷同語例。當從王肅。若然則諸說不悖。

○有子蓋既祥　集註合上為一節。是

○十日而成笙歌　喪事卜日先遠日。則多當在下旬也。故是孔子之祥亦在下旬。故十日則既為踰月。祥禫蓋相接為之末。必隅多日。猶三虞之與卒哭焉。

○厭　孟子曰知命者不立於巖牆之下。

○溺　馮河而死也。○方愨曰三者皆非正命。故先王制禮在所不弔得之。

○此及五世皆反葬於周

大公葬于周或當然矣○然至五世猶反葬之○似無理○故義疏疑之○今姑據本文解之○

○禮不忘其本　如祭祀尊祖先亦其類也○

○仁也　是記者斷反葬之事○

○舜葬於蒼梧之野

義疏據孟子而疑此節○然尚書家語皆言其陟方岳而死○史記云○舜南巡崩○祭法亦云○舜勤民事而野死○由此觀之○則此葬蒼梧之野○亦不為無其理○注云征

有苗而死者蓋誤矣。按孟子所云。亦是異聞耳。

○三妃　三蓋二之訛。

○曾子之喪浴於爨室

是記禮之失也。王安石駁鄭者當矣。

○申祥之哭言思也亦然

因上文推之。則申祥之所爲。亦似合禮。此二者言雖無服者。亦指爲位哭之之義。以証小功不爲位之非也。馬晞孟以申祥之所爲爲非禮。未必然。

○非古也　古制吉凶冠皆縮縫周制吉凶冠皆衡縫而時人獨喪冠縮縫以反吉冠是失古制之意也非古之古兼上文古今言之

○攝束帛乘馬　攝如字言攝孔氏之使也

○兄弟吾哭諸廟云云　此與雜記奔喪不合故疏以為殷制未必然是亦異聞耳

○於寢則已重　寢言寢門外畧文耳

○不晝夜居於內　外外寢內內寢家語

孔子適季康子之葬可証

○不以邊坐　喪者專席而坐邊坐則其貌不正也

○遇於一哀而出涕　或曰遇猶偶也言孔子一哀而出涕也○家語無於字

○予惡夫涕之無從也　言徒出涕而無物之從之也○家語作惡夫涕而無以將之

○梁木其壞　家語其壞下有則吾將安仗五字此蓋脫之

○殆將病也　不曰死者蓋諱之也

○與賓主夾之也　是蓋神之也故不在主位亦不在客位

○若喪父而無服　注弔服而加麻未知何據此曰無服下文曰經而出則蓋唯加麻而無服耳

○飾棺　目下事

○牆置翣設披周也　此二事是周禮也牆字舊讀屬上非也

○綢練設旐夏也　家語曰兼用三王禮

所以尊師且備古也

○殷士也　盖猶曰殷士禮也檀弓文奇故首禮字

○群居則絰　或曰群居連讀言朋友

○易墓　易如易耨之易鄭注為是

○襲裘而弔　裘上唯有上衣袒之則見裘謂之裼掩之則不見裘謂之襲故襲裼皆以裘言之也說詳于前○大夫以上有弔服士卑無弔服唯吉服加絰已黒裘玄冠不以弔盖言大夫也或曰吉事尚黑凶

事尚素羔裘玄冠純黑故不以之弔也
他服則不必然
○子夏既除喪而見　此節與家語異
未知孰是
○敢不復位　復復適子之位也
○經也者實也　一句恐他文之攙入
○謀人之軍云云　軍師互文邦邑亦然
○亡亦死也注誤
○踐請前　學佺云前者爲前驅芟除
艸木之意亦一說

○擧者出尸出户　義疏本尸作户且句絶
或曰出户重複盖衍其一
○子游曰知禮　亥言譏之義當與家語
併見○或曰既小斂擧者出户武叔於是
乎袒括髮禮之正也世人有不然者故子
游美其知禮也亦一説
○從母之夫云云　義疏報服之説得之
○故騷騷爾則野云云
騷騷言喪事鼎鼎言吉事
○其貨也　貨言好貨也猶左氏單用賄

字。
○子思之母死於衛。 按喪服有出母之服。
而無嫁母之服。豈嫁母義同出母乎。
○爲孟虎齊衰云云
兄弟而有二孟。且旣曰孟而又曰叔父。皆
未知何故。或殷制不可以周制律之。䟽
以爲二孟。一則爲滕伯之叔父。一則爲
滕伯之姪。恐非。
○小斂之奠於西方也云云
以下䟽以爲記者之言。是也。

○羔裘玄冠　蓋大夫之朝服○
○遝葬　遝逮○逮世如子之遝兮之遝○
家語遝作旋○
○賓客至無所館　此章蓋有脱誤○當
就家語正之○
○聖人之葬人與○　句絶○與平聲○助語○
○藏焉　疏不欲令人見○故藏焉○此説得之○
○復楔齒云云　以下六事○相継為之○其節
無間斷○故曰並作○
○小祖大祖　小祖○對大祖之辭○言親廟○

○喪不剝奠也與　此一節文義不斷

○練練衣　蓋小祥謂之練則至此時脫斬衰而服練衣練冠也練亦布也

○袪裼之可也　或曰至用有袪之裘則裼之以為文可也

○天子之棺四重　水牛革一兕牛革一此為一重杝棺一梓棺二凡五物四重

○被之　被尸上也

○爵弁絰紂衣　爵字疑衍周禮王弔諸侯弁絰緦衰蓋哭比於弔為輕焉故

此不用緦衰。而緇衣加弁絰已。爵弁紂衣是純吉之服。雖不親臨尸。恐不然矣。義疏以為紂衣即緦衰也。亦恐非是。

○菆塗龍輴　堅菆衆木。而塗其外也。

○誄孔丘云云　誄字。朱子得之。注尼父因其字以為之謚。鹵莽甚。

○不敢稅人　稅字不他見。此前後皆記死喪之事。則蓋亦以賻賵之類遺人之名也。○仕則有己祿。故可以稅人也。

山縣禎考并書

禮記備考

三

禮記

曾子問

○世子生　疏引公羊云君在稱世子君薨稱子某此既君薨仍稱世子者以其別于庶子也章泰古駁之曰若然則春秋桓二年書子同生是時桓公尚在且適夫人文姜所生也稱子何耶若謂君在稱世子則衛靈公薨而春秋直書世子蒯聵滕定公薨而孟子稱世子謂然友豈孔孟非耶　是據西河合集曾子問講錄之說

○從攝主　攝如喪小記所謂男主使同姓攝之女主使異姓攝之之攝蓋三日以前世子未成子禮故大宰代之攝喪主也鄭專曰上卿代君聽國政者非矣蓋大宰攝喪主亦攝國政耳

○三日云云　注以爲因負子名之喪禮略世是未必然負子言世子生三日講錄曰若名子大事當君在時則從容命名無所關係今幼冲甫出腹正國家危疑之際宜早立名告天地山川以定其位使中外曉然何待三月

此說近是

○國家五官　五官未詳疏說亦未安

○牲幣　牲舊讀制陳祥道從字解之是

○辟於殯　殯讀如字　或曰殯當從舊注作賓蓋以兩葬相因事至匆遽辟又哭之弔賓不肯見之也　亦一說

○士祭不足　此不言朋友者因前節畧之耳

○相識有喪服云云　孔子言斬衰尚可諆喪

祭故曾子疑輕服或可以與吉祭是以問之矣澄得之

○壻弗取而后嫁之

羅欽順鄧元錫徐師曾等俗以為嫁者非嫁他族乃嫁于壻而論辨甚勤是与旧說異此雖非無理然如其辞何嫁字与上文弗敢嫁相呼應此須文解之者如此然經文於義未安姑欠疑

○接祭而已矣 接祭未詳張氏曰使人接之以終事稍近理矣

○五祀之祭不行　王制言天地社稷此言五祀互備也義疏有說可合考

○賤不誄貴　此亦當有問對之辭或脫之耳

○安知其不見星也　無日則或暗黑至見星如此則哀慝或乘之故豫止備之

○自卿大夫士之家　自此以下及農商

○下殤用棺衣　或曰棺衣言棺椁衣衾即上文棺斂是也

○受宿矣　宿宿戒也或爲宿齋戒者恐

非。

△毛奇齡據春秋及左傳辨衛靈公無弔季桓子之事魯昭公不與喪其母之義其說頗確。蓋戰國間之儒記禮各有異聞故其說多不合者。

文王世子

○寒煖之節　寒煖猶寒溫方慤之說似失于詳。

○文王謂武王曰　此以下一節好事者附會之宜刪去之先儒論辨備具。

○文王之爲世子也　自首至此主文王爲世子之法記之而下附錄武王成王之事耳故總結以文王之爲世子也

○小樂正學干　周禮有羽舞無籥舞且詩云左手執籥右手執翟則羽籥是一舞然則干戈亦一舞陸佃皆分爲二舞恐非周禮舞人所謂兵舞即樂師所謂干舞也干舞即此干戈　○此不言戈者蓋略之也

○籥師學戈　周禮籥師掌教國子舞羽吹籥而無教戈之事則此戈當作羽蓋

自上文訛来耳。

○胥鼓南　蓋學二南之時，胥學其鼓節也。未知在何處何時耳。

○書在上庠　周建四代之學，仍其制未詳。張敵以爲一處並建四學，此說稍近理矣。張說詳于義疏。

○大樂正　蓋是周官大司樂。

○命乞言　命乞言之義於學生也。

○在東序　承上二事言之。

○必有合也　合，合樂之合。鄭注誤。劉彝

朱子並是矣

○必遂養老　陳祥道是

○語於郊　郊孟言鄉校

○曲藝皆誓之　誓誓戒也

○以及取爵於上尊也

未詳似脫一不字或連之上亦為十三字

一句則以字不穩

○然後釋菜　釋奠釋菜皆無幣始立學

釋奠用幣與器釋菜用幣皆有加也

○儐于東序　儐儐賓也未知何人為賓

○無介語　不用介又無合語

○入則有保出則有師

下文云四輔及三公則此周官司徒之属所謂師氏保氏是也非言三公之師保盖天子有三公三孤而大傅少傅獨兼輔世子其二公二孤則相天子故更設師氏保氏以輔世子也

○慎其身　言自謹慎其身以輔翼世子也注疏為世子之身恐非

○君子曰德　陳澔曰此德是指世子之德

吴澄曰此又引君子之言以足前義二德字其一行受教者之德成則教者有功而道尊也 按上引古記之言下又引仲尼之言而此亦別案一義則吴説似有理矣

○況于其身 于如字對於上文殺其身之辞諸説恐誤

○周公優為之 孔子之言至此盖周公自於其身抗世子法以教成王也

○無為也 猶曰不可為也疏説未晰

○父師司成 父師即師氏上文所謂大

司成是也

○子愛　與慈愛同

○宗人　即是宗伯劉敞及義疏引左傳並是矣

○公禰　陳澔禰讀作祧近是

○庶子以公族之無事者守於公宮一句頗下事陳澔云公宮總言公之宗廟宮室也是矣毛奇齡以公宮爲遷廟其說甚悖

○正室　言公族之適子

○貴宮貴室云云　吳澄云諸侯之廟始祖稱大廟羣公稱宮則此貴宮乃謂羣公四親之廟若親廟外別有廟如魯仲子之宮則稱下宮也　或曰貴宮貴室言四親廟尊廟故稱貴也下宮下室言公寢對廟而言故稱下也　按二說未知孰是

○承含　陳祥道義疏曰承讀如字義疏曰承謂襚也襚服皆以承身故謂之承近是

○讞于公　讞猶決也

○宗室　宗室即作正室

○始之養也　胡銓作是

○適東序　適東序則天子也釋奠於先老則有司為之也不言有司者於上祭先師先聖之文既言之故此畧之耳遂設三老五更羣老之席位焉亦有司為之也孔疏及義疏皆以為天子親設席位恐非是下文適饌省醴亦天子之事

○五更　更字義未詳蔡邕曰更當為叟亦是一說鄭氏以三老五更為各一人

蔡亦辨之近是　陳祥道義疏亦有說可考

○言父子君臣長幼之道

是申明上句之義

○下管象　陳祥道以象為文王之樂是

矣

○聖人之記事　記疑紀之訛紀與紀綱

紀律之紀同吳氏有說未安

○愛之以敬　以上文推之此指釋奠設

席等之事

○行之以禮　義疏指反登歌清廟之一

節爲權与脩之以孝義前後失序亦不妨

○蓋必知所進　蓋處蓋言常情外於時有所進

禮運

○賓事畢　舊讀賓係上據家語賓上有既字則賓係下爲一句爲是

○大道之行也與三代之英

大道之行言大同之世三代之英言少康之世英即禹湯文武成王周公也

○而有志焉　志家語作記

○選賢與能　龜元鳳曰與疑舉之訛近是

○盜竊亂賊而不作　家語無而字似是

○大人世及　大人兼天子諸侯言之

○故謀用是作云云　義疏以為此十字當在貨力為己下大人世及上此錯簡耳　按從義疏則句順而正

○由此其選也　選選出于世也　或曰由如字

○刑仁　疏說未盡蓋言以禮為仁之刑

則所謂禮樂德之則也。

○是謂小康。　家語無此句。○此一節旨

家語大異，似從家語為正。

○必本於天云云。　此言禮自天地鬼神以

至人事無所不周流交通也。

○列於鬼神　張子曰，命通於鬼神也。　按

列猶參列之列也，與下文並於鬼神同。

○言偃復問曰云云。　自此以下至禮之大

成也，家語別為問禮篇，蓋其所言與天子

歎魯之事不相關，則家語似正。

○坤乾之義云云　坤乾家語作乾坤

按孔疏此三句連下看之似是蓋言乾坤之義夏時之等猶可以觀古之禮下文所言卽其事也

○捭豚　家語捭作擗

○蕢桴　家田虎曰蕢草名蓋束草以爲枹也迺是

○猶若可以致其敬於鬼神

家語無若字似是

○及其死也　或曰上文言古此言今互

擧也

○天望而地藏也　天望復也地藏葬也

以下三句家語似順

○皆從其初　或曰及其死也以下言後

世聖人效古而定禮故曰皆從其初也

○醴醆在戶　五齊中獨缺泛齊不知

何故

○奠其越席　奠字未詳家語作越席

以坐

○合莫　馬晞孟曰魄者魂之體魂者魄

之用體用合之則生離之則散故合鬼与神以祭於宗廟之中所以嘉其魂魄協合之於冥漠之中也此說亦是

○吾舍魯何適矣論語魯一變至於道左氏周禮盡在魯矣可見其有勝於列國也

○魯之郊禘非禮也周公其衰矣

魯郊禘之非禮先儒論說紛如要之其非禮之義不可審考之目下文畧舉非禮之目可以見矣呂覽載惠公請郊廟之事與家語明堂位祭統不合戰國術士之

說未足據信耳明堂位言以禘禮祀周公於大廟春秋不譏魯之郊則魯之郊禘未必昉於惠公之請也蓋成王雖賜天子之禮樂於魯其禮自有隆殺家語郊問可見矣當孔子時其禮宜多僭亂是其所以歎周公之衰也○物氏亦有說詳于論語徵

○是謂大假　家語假作嘉蓋嘉假音通

○冕弁兵革云云　冕弁不藏義疏以爲失兵革不藏者言不得藏諸大夫之家也家

語所謂家不藏甲是也蓋大夫采地以田賦出兵藏諸公府焉若有軍旅田役則縣師以民與兵自帥而至也

○是謂脅君　陳澔曰見脅於強臣之君也亦近是

○三年之喪與新有昏者云云

此與王制曾子問不合蓋傳聞之異而此篇恐非矣或曰期字獨屬有婚者三年之喪三年不使可知也

○禮無列　陳澔曰無上下之列矣是也

○刑肅而俗敝則民弗歸也

此重舉刑肅而俗敝之文而畧法無常以下之數句也何則以士與民對說而可知之也○注肅駿也駿當作峻字之誤矣

○命降于社　蓋承上文而句上畧殽以二字也下皆效此

○處其所存云云　上其字指禮下其字指民也蓋天地社稷山川五祀禮之義存焉聖人處置之以為之次序故曰禮之序也此二句即言治政也

○君以正用之　家語正爲政。盖正政古通用。

○故君者所明也　家語所上有人字。吳澄曰：所明謂人所視效，明人謂視效人是矣。

○則君以自治也　家語則作明，似正。

○愛其死而患其生　愛，愛惜也；患，猶重也，言憂恤也。

○故國有患云云　舉此一事以明君臣名分之義。

○辟於其義　辟家語作役

○其天地之德　德言得德性也家語云乾坤之美書云萬物之靈孝經云天地之性人為貴皆與此同

○和而后月生也　月十二月也家語和下有四氣二字

○迭相竭也　周諝陸佃竭讀皆如字近是

○十二衣　未詳　周諝曰十二衣即舜之十二章可以備一說

○相為質也　家語質作主

○鬼神以為徒　並於鬼神之意

○五行以為質　如日月之所記是也

○人以為奧也　龜是曰以為二字恐

當作右一字近是

○故先王秉蓍龜云云　是自上文龜字說來

○此節承前節必本之天殺以降命之意

以言治國自神道設教始也

○列祭祀瘞繒　家註為五字一句似是

○官有御　御如御事之御

○卜筮疇佑　佑言佑食者方愨合疇佑爲一
○百神受職云云　不言山川者盖脫文○義疏云百神鄭九言星辰陳言風雨寒暑二說相兼乃備
○其官於天也　未詳
○協於分藝　家云分藝謂物各有準則也是矣
○曰養　王肅養讀如字義疏從之是
○壞國喪家亡人　吳澄是

○藝之合　藝準極也見于前

○天降膏露云云　諸如此之類古聖人之時嘗有之先然非必一時出來今以文勢雜舉之耳

禮器

篇名蓋取篇首二字

○禮器　二字為一句蓋禮譬猶器也諸類萬品無物不備也

○居天下之大端也　以竹箭松柏為天下之

大端文義未晰陳澔云大端猶言大節二物比他草木有此大節亦一説

○外諧而內無怨　言外貌諧美而中心和平無怨慝也不然語勢不与上文相承

○人官有能　或曰人官猶曰人材也蓋人材各有能皆可用以為官故謂之人官也

○物曲　曲委曲也

○定國之數　猶曰國之定數也

○禮之薄厚與年之上下　言禮之有厚薄隨年之豐凶而上下之也

○禮時為大　堯舜禹湯武授受放伐皆應天時是禮之時者也

○君臣之義倫也　袁順曰倫猶轉宜曰義也

○鬼神之祭體也　云倫云體蓋互文也

○羔豚而祭　蓋言少牢也不曰羊豕而曰羔豚者輕其辭耳

○臺門　義疏詳

○以大為貴　義疏引伏生大傳以補注疏可合考

○五獻之尊　以子男言之者未詳其義

○天子龍衮　陳祥道曰此經主以文爲貴故於天子不言大裘而曰龍衮而已　以下陳氏頗明悉今畧之

○諸侯黼　侯伯服鷩冕以下黼黻皆有而獨言黼者是對大夫有黻而無黼者而言故特舉之耳

○大夫黻　大夫服玄冕以下盡玄冕者玄衣而冕裳唯有黻耳

○朱綠藻　此與周禮異或曰此亦言五

采也畢二色以畧其他耳或曰傳聞之異未知孰是

○匹士 匹猶匹夫之匹盖賤之之辭

○我戰則克 二句孔子之言下一句即記者釋之也我孔子自言也

○不麾蚤 未詳姑從旧說

○不善嘉事 同上

○未有入室而不由戶者 言人皆宜由禮也

○誠若 陳澔以為若語辭是矣

○有摲而播也有順而摭也

皆未詳

○其禮亦然　承上夏造殷因之文也

○非作而致其情者也　此言君子之不直

情也孔子曰直情徑行戎狄之道也

○朝事以樂　朝事言燕饗之類也以

樂者本君子得賢而樂之心也

○無節於內　陳澔是

○物之致也　或曰言致禮義于庶物也

物卽上觀物之物致卽與下致其義之致

同義○

○因其財物　是自上文物之致也說來○

△此節應鏞詳○

○為朝夕　朝○朝于君○夕○夕于君○

○達亹亹焉　君子觀雨澤生物而不息○乃

亦勉勉撫民而不怠也○

○是故昔先王尚有德云云

此節又應上無節於內者之節○且承君子

達亹亹之意○

○是故因天事天因地事地

此節反應作天事必順天時以下言事天地各有其宜也

○升中於天　未詳馬晞孟曰升中心之誠於天也亦一說

○月生於西　義疏詳

○君子之人達　君子能明乎物理莫所不達故觀禮樂則知治亂也

○故觀其器云云　二事皆譬喻

○一獻質云云　一三五七其所獻未詳陳詳道有說可考

○大饗　義疏以爲是禘祭。過是。

○禮不虛行　陳澔曰：道猶行也。大傳曰：苟非其人，道不虛行。得之。

○毋輕議禮　此總上之辭，注獨屬之誦詩者，未確。

郊特牲

義疏云：是與禮器本一篇，而後人斷之也，其以郊特牲名篇，舉首三字耳，得之。

○祭帝不用也　帝即天也。禮器祀帝於

郊及饗食帝皆言祭天與此同

○次路五就　陳祥道駁鄭當矣

○食嘗無樂　是不知說何代禮也蓋亦傳聞之異

○而食嘗無樂　義疏或云五字衍文得之蓋因上文誤之耳

○賓入大門　大字恐衍

○以鐘次之　或曰據禮器則鐘當作金蓋字之訛也

○由三桓始也　或曰是承上文非禮也言

之注疏以爲大夫强而爲君見殺亦由三桓
始恐未是

○旅樹　或曰旅衆也陳也樹植也

○二日伐鼓　義疏引家語可合考

○教民美報　美報以美報之也

○流示之禽云云　流字鹽字未詳

○郊之用辛也　以下三句文義未晰疑有脫譌按家語其月以日至其日用上辛至於啓蟄之月則又祈穀于上帝如此則文義甚明大抵家語比戴記多得正者矣

今斷從家語諸說聚訟皆不取之

○王立于澤　澤宮未詳所在陸佃引毛
公詩傳以為學宮未知是否

○獻命庫門之內　命言命百官之辭也
與上誓命異矣蓋聚百官於庫門之內獻
命於王王受而下之百官也大廟之命言
獻之於大廟亦王卽下之也

○王被衮　鄭以為魯禮非義疏諸說可
并考

○帝牛不吉　此節文義不晰孔疏不吉

為死傷為訓未安此蓋卜帝牛而不吉則用之稷而更卜帝牛所以尊帝而畧稷也帝牛必在滌三月而後用之稷牛則不必然唯臨時取以具之耳亦所以尊帝而畧稷也或曰初時擇二牛養之於滌臨祭卜一牛以為帝牲而不吉則又卜一牛如稷牛則取帝牛之不吉者卜之又不吉則唯別取具之蓋此一節大概言之以明天神人鬼之尊卑也不可從春秋周官諸書以深求其義而已矣

○報嗇也　此嗇與上文先嗇司嗇自不相涉

○禽獸　即下文貓虎之類是也此目之下詳其義

○使之必報之　使之言使役之也○以下言饗之所以及禽獸也

○致鹿與女　致女可疑姑從方慤

○詔客告也　言詔使者以歸告其君也下文乃舉其辭

○天子樹瓜華　未詳　義疏別為一章

○八蜡不通　年不順成之方則八蜡之禮不通行也程迥以為八蜡不通者亦變置社稷之意非區區為民財不足而謹之也唐禮蜡祭年不順成則絀其方守之神也此古禮之存者猶可考也理或當然矣然是文外之義

○以移民也　據陳說則移或侈之訛或曰以凶地之民移之順成之方使之與蜡祭也亦一說

○委貌周道也　委貌是周所用之玄冠

即緇布冠之貴象也道猶曰禮也○有端委之語則委貌之爲玄冠可証也

○周弁　蓋言爵弁

○天子之元子士也云云　成伯璵是

按後世有恭太子戾太子之類故曰死而謚令也

○象賢也　雖諸侯無生而貴者然繼世立之者取其能象先世之賢也

○親之也親之也者親之也

上親之也三字蓋衍文下親之也親當作

敬字之誤也不然三親字重複不可讀

按家語作親迎者敬之也可觀

○函陰之義也　猶曰陰禮也諸註失于

詳

○詔祝於室　或曰祝當作神

○不知神之所在　不知總指下三乎

○或諸遠人乎　諸語助猶其諸之諸

○尚曰　曰語助

○明水　明水取之於月與玄酒異

山縣禎考并書

禮記定說

[日] 山県太華 撰

禮記定說 一

禮記

曲禮上

篇名蓋取篇首二字以名之。通篇兼盡記曲禮者矣。然篇中記曲禮者特爲多，則篇之所由名，蓋亦取義於茲矣。　呂大臨曰：禮云經禮三百，曲禮三千。中庸云禮儀三百，威儀三千。曲禮者威儀之謂。布帛有經，經禮象之；今儀禮是也。布帛有緯，曲禮象之；今禮記是也。所載皆孔子門人傳授雜收於遺編斷簡者。　葉夢得曰：經禮制之凡曲禮文之目先王之時皆有書與法藏於有司官掌之士習之有司守之周官大史大祭祀與群執事讀礼書而協事小史大祭祀讀礼法至周衰而二者皆亡今礼記曲礼非其書与法之正漢儒雜記其所聞而纂之爾　復按是篇何人之所記未之有考或是七十子之徒裁收於遺編斷簡者乎葉氏以爲漢儒之所纂未知孰是耳

○曲禮曰　下三句盖是古曲禮之遺文

僅存者，記者收之，以置首爾。

○毋不敬云〻　孔疏說得而明也。　禎按：右之長民者，皆以脩身爲本，身脩而後可以安民也。孔子曰：「脩己以安百姓。」此三句皆君子脩身之事，故亦記者賛之以安民也。

○敖不可長云〻　胡銓曰：「四者聖賢所同戒。」鄭意尊指人君，非也。　朱子曰：「此篇雜取諸書精要之語，集以成篇，雖大意相似，而文不連屬。如首章四句乃曲禮古經之言，敖不可長以下四句不知何書語，亦自爲一

節○皆禁戒之辭○

○賢者狎而敬之云云　此節記賢者之行也○朱子曰賢者於其所狎能敬之於其所畏能愛之於其所愛能知其惡於其所憎能知其善○雖積財而能散施雖安安而能從義可以為法○　禎按安安而能遷鄭亦通鄭朱兼而義全○

○臨財毋苟得　以下四句一節疏本合諸上節非○

○疑事毋質云云　二句一節集說曰質者有

決而正之之意。按有如有其善喪其善之有。陳櫟曰已雖正直不可以已直彰彼曲勿有其直可也亦一說

○若夫 鄭迂回甚。朱子曰劉原父云此乃大戴礼曾子事父母篇之辭曰孝子惟巧変故父母安之若夫坐如尸立如齊云云此篇蓋取彼文而若夫二字失於刪去 此解極明了。按下二句蓋記侍於尊者若行礼之時坐立之法也。

○禮從宜使從俗 二句一節。朱子曰宜謂

事之所宜若男女授受不親為礼而祭與喪則相授器之類俗謂彼國之俗若魏李彪以喪服弔齊齊裴昭明以凶服弔魏盖得此義

○禮聞取於人不聞取人　朱子曰此與孟子治人治於人食人食於人之語意相類取於人者為人所取法也取人者不來而我引取之也禮有取於人所以彼有來學無取人所以我無往教

○分爭辨訟云云　馬晞孟曰原父子之親立

君臣之義意論輕重之序慎別淺深之量此分爭辨訟所以待禮而决也

○宦學　吴澄曰宦學猶言游學離家遠出臣伏於師如仕宦然　按左傳靈輒曰宦三年矣是言游學則宦學不可歧說必矣且夫學則學先王之道也學記曰宵雅肄三官其初也古者豈学先王之道之外別有學仕宦之事哉先儒之說何局蔽

○班朝治軍涖官行法　以上四事

○撙節　陳澔曰撙裁抑也

○聖人作爲禮　作爲連讀朱子陳澔於
聖人作絕句非是　義疏亦有辨
○使人以有禮知自別於禽獸
聖人制爲禮使人自有禮而知自當別於
如禽獸之父子聚麀也
○負販者　言販夫販婦之負荷者也
方氏以負者惟以力爲事販者惟以利
爲事　按方氏以負販爲二事亦一說
○八十九十曰耄　陸音本或作八十曰耋
九十曰旄　禎按今本八十下恐脫曰耋也

二字

○百年曰期頤　朱子曰期周匝之義謂百年已周也　陳澔曰人壽以百年為期故曰期飲食居處動作無不待於養故曰頤

○茍不得謝　言賢且尚壯故不得辭謝其職也　○熊安生曰既不聽致事則祭義云七十杖於朝是也聽致事則王制云七十杖於國八十杖於朝是也

○越國而問焉云云　義疏曰越國而問自是他國來問如郯子述官紀子產述黃熊

實沈之神。孔子述汪罔氏之守。及宋獻公合諸侯之禮。鄭獻伯子男會公之禮是也。

○凡為人子者三賜不及車馬

呂大臨曰。事宗子者。不以富貴入宗子之家。雖衆車徒。舍於外。事宗子。猶舍衆車徒於外。則事親者車馬之盛。宜在所不受也。按此據鄭說

△胡銓曰。賜。異也。三賜貨財衣服車馬也。大宗伯三命受位。不言受車馬。又車馬賜由君命。君子辭位

不辭　不辭祿車馬安可辭哉　吳澄曰若人子有已仕有祿而欲以物與人如貨財衣服猶可自之父而稱尊者之名以與之車馬重物有父在則人子不敢以之與人也

按胡氏吳氏俗以三賜爲賜諸人與舊說不同未知孰是亦備一說也

○恒言不稱老　黃幹曰教人子對父母常言須避老字一則傷父母之心一則孝子不忍作言此謂人子自自稱老也

○年長以倍也　義疏通論呂大臨引證

頗確。以下通論餘論辨正之類，皆據義疏所收之諸說者。

○居不主奧云云　鄭孔以為此謂與父同宮者。是恐未必然。蓋雖父子異宮者亦不自主于奧耳。以下四句汎言敬親之意也。

辨正應鏞是。

○聽於無聲云云　陳澔云先意承志也。

○不登高云云　陳祥道曰所以全其體。

○不許友以死　呂大臨、黃震、林光朝等皆以為是非聖代之事。駁說極確。

按雖先王之時，鄉俗之間，不可必無是也。

事則因以戒之者歟

○童子不衣裘裳　程子曰裘裳成人之服也不衣者不能衣也

○負劍　未詳或曰二字當屬上句讀按此說於句極為順矣然童子帶劍未有所見則未知果是否

○辟咡　註傾頭是也少儀曰有問焉則辟咡而對亦同義

○先生　呂氏曰先生者父兄之稱有齒德可以為人師者猶父兄也故亦稱先

先。以師爲父兄。故學者自稱弟子。

○不越路而與人言　越猶孟子不越位。而言之越。

○從長者　汎稱年老。

○求毋固　正義陳撰是。

○毋踖席　朱子以爲與玉藻義同。是。

○摳衣　陳澔同與論語攝齊同。

○主人請入爲席　、、或問、十二字一句。入爲席以下。即是主人請於客之辭。下客字疑衍。

○拾級聚足　拾級左右足更上階也此
一句言登階之法○
○連步以上　蓋言賓主兩階足相隨而
上也但容後于主人一等○
○並坐不橫肱　以下別段○
○如橋衡　未詳姑從注疏○
○請席何鄉　云席云衽蓋一物而二名
坐臥異名耳○
○撫席　陳云撫以手按止之也○
○儳言　陳云儳參錯不齊之貌○

○毋餘席　注為有後來者五字可刪豈有為有後來者虛下席而待之之理哉

○食至起　是亦言侍食於尊者之時乎

○尊客之前云云　皆嫌不敬也

○毋側聽　陳云側耳以聽非恭也

○遊毋倨　遊蓋言遊息之時也

○離坐離立云云　集註方氏以兩相麗之謂離三相成之謂參

○兄弟弗與同席而坐　不言姪者蓋略文

○父子不同席　承上女子十年之文。

△辨正吕大臨是。

○行媒　行猶行人之行也。

○賀取妻者曰云云

陳澔曰：著代以為先祖後，人子之所不得已，故不用樂，且不賀也。舍曰昏禮而謂之有客，則所以羞者，佐其供具之費而已，非賀也。作記者因俗之名稱賀。

○男女異長　黄震是。

○放飯　朱子曰：放飯，大飯，謂食之放肆

而無所節也亦一説

○毋反魚肉　義疏云反還也其義同鄭

△姚舜牧以為器中尚有餘不必以箸反撤而盡食之也亦一説

○卒食客自前跪云云

張子以此錯簡當在前章客不虗口之下亦一説

○侍飲於長者云云　是非必言鄉飲酒燕禮之類亦自平日侍飲之禮爾

○酒進則起云云　孔疏詳

○按長者親酌賜少者，少者起將（將字敬之至）拜受於尊所。必於尊所者，若欲親酌然也。長者辭其拜，於是乎少者反席而後飲也。註燕飲之禮，鄉尊是非，必言燕禮，則尊之所在未可知耳。

○懷其核　陳澔曰：敬君賜，故不敢棄核。是矣。

○御食　御與下文御同之御同，云侍食云御食，變文耳。

○餕餘不祭　朱子曰：是。

○偶坐不辭　亦不辭貳也。併上為一節。

○副之華之　字義未詳。姑從舊說。

△集註劉氏曰大夫以上皆曰為有司為之也。士庶人不曰為者，自為之也。全經云此在公族禮會之時劉氏之禮也。

○冠者不櫛云云　方慤是。

△按下文皆兼童子言之也。

○言不惰　方慤是。

○有憂者　陳澔是。

○獻鳥者　義疏是。

○獻車馬者云云　獻馬者執策○獻車者操綏○

○獻田宅者　孔穎達曰古者田宅悉為官所賦未不屬民或有重勲為君上所賜故得有獻○　按是或記曲禮者因後世之法記之歟○

○操書致　孔疏是○

○進劔者　以下孔疏詳○

○執禽者左首　亦主人在左也○

○飾羔鴈者以繢　辨正陸佃是○

○飲玉爵者不揮　正義揮擽是○

○如使之容　陳澔曰使者受命之時採持諸物即習其威儀進退如至彼國之儀容也○

○君言　言君所命之言也○鄭引聘礼者拘矣○

○君子抱孫不抱子　義疏詳辨○

○乘必以几　義疏凡几謂几在式上恐式上非置几地○蓋車上設几以示尊安之意○其實坐然後憑几○非式時可用也○昏礼

婦乘以几。賈公彥疏謂登車時也。將上車踐以登。若王后則履石。若尸乘以几之類。則乘字明標。可正孔疏几在式上之失矣。

○知生者弔云云　通論馬晞孟明辨。

○賜人者不曰來取云云　呂大臨是。又學佺云：曰來取則有驕色。問所欲則有德色。

○送喪送葬　是蓋互文。

△楊氏簡亦一說。

○武車綏旌云云　通論陳祥道詳辨。

○士載言　呂大臨是

○前有車騎　孔疏確

○載青旌　載字與上二載義自異

○急繕　呂大臨胡銓有正說

○士之辱也　士對卿大夫則是孔子為中都宰子游為武城宰之類疏同地采地士邑宰恐非

○逮事父母云云　是言一廟之士也注云此謂庶人恐非

○大夫之所有公諱　是雖有公諱尚無私諱

也。

○臨文不諱　云文者陳詩書之、外流言之也。全經曰文、作文章未必然。

○廟中不諱　呂大臨曰廟中不諱、父前子名也。是矣。

○外事以剛日己　崔靈恩曰。

○喪事先遠日　義疏案是。

○卜筮不相襲　以上一節皆卜筮時日之事、而不及他事。周禮筮人曰凡國之大事先筮而後卜。是大事卜筮兼用則注云大事卜、事筮者。未必然。義疏諸說。可併見。

○必踐之　言必用其所筮之日也。

○取貳綏　方慤是。

○五步而立　五步。蓋就馬言之也。

○門閭溝渠必步　王炎近是。　蓋王以步字屬之車。此與舊說異。

○故君子式黃髮　故字。上無所承。是。蓋與若夫坐如尸之若夫。同一例。

○大夫士必自御之　張子近是。　義疏則收諸存異。

○蓌拜　未詳。　陸音蓌。挫也。孔疏云。式容蹔蹔。著甲而拜則挫損其威容。

○乘君之乘車　或曰注因御者言恐未然。是蓋言御者之外別乘之者也。

○顧不過轂　馬睎孟是。

○以策彗卹勿驅　未詳。姑從義疏。

○下齊牛　孔疏是。

曲禮下

○立則磬折云々　呂大臨是。

○其有藉者裼云々　陸佃陳澔是。

△按裼袒也袒朝服而見裘謂之裼掩而不開謂之襲旧說以爲別有裼衣襲衣而又加朝服於其上然是經傳之所無未可從矣物氏茂卿之說得之見于論語徵

○君大夫之子　集註以爲列國之君與天子之大夫其子皆不敢自稱余小子此分君大夫而爲二與鄭異亦自一說　或曰集註自是

○去國三世　言三世之後也下同

○爵祿有列於朝　集註詳

○按朝下當加一則字看之
○兄弟宗族猶存　據鄭意則此二句當在無詔於國之下或脫誤在此歟　或曰此句承上句言已告于故國之君併及兄弟親族也
○唯興之日從新國之法
蓋去國而三世以前則雖爵祿無列於朝尚當出入有詔於本國歷三世之後無列於朝而後無復詔也雖然未仕于他國則尚當從舊國之法唯興之日而後從新國之

法耳。此云法者。亦唯言上所謂祭祀之禮。居喪之服。哭泣之位。其他則固當從新國之俗也。

云唯興之日者。雖未三世。興而仕新國。則從其法。未仕則雖十世。猶從舊國之法。故云唯也。

○倒筴側龜　方慤是。

○書方衰凶器云云　此言有死于宮中者之時也。　集註。方。板也。書方者。條錄送死物件於方板之上也。衰。喪服之衰也。凶器若棺椁牆翣明器之屬。亦詳于疏。

○厭冠　集註。厭冠喪冠也。吉冠有纚有梁喪冠無之故厭帖然也。此據注疏而詳之。

○犧賦為次　又曰犧賦亦以造言者如周官牛人供牛牲之互與盆簝之類。

○無田祿者　無田祿有田祿專據士言之上文家造字不冒及于此。

△按此一節言諸侯大夫士營室造器之叙也。君子言諸侯家造指大夫有無田祿者皆言士也。諸侯言營宮大夫士言造器互文也。

○大夫士去國云云　孔疏大夫士三諫不從出在竟上大夫則待放三年士則不待放臨去行此禮王安石駁之曰恐無此禮孔子屢仕屢去豈常行待放之禮乎　按孔疏雖據公羊然公羊亦戰國之說有未可必信者矣

○非見國君　此國君言其君與上文下文國君自異

○國君去其國　國君死社稷恐無去國之義矣此疑因春秋以後之事而記之

○內事曰孝王某云云　吳澄是

○盻於鬼神　呂大臨曰盻猶睢盻之相接貌
與交際之際同義　亦一説
○按鬼神蓋兼人鬼及山川言之舊曰望于
山川徧于群神
○登假　集註遐乃遠遐之義登遐言其
所升高遠猶漢書稱大行也　吳澄亦同此
○生名之云云　吳澄是
○天子有后云云　義疏以為下文之脱在此
是矣
○有世婦有嬪　世婦在嬪上蓋顛倒耳呂

大臨以為異代之制，恐未必然。

○天子建天官云云　鄭以為異代之制，義疏則合周官而為之說，未知孰是。

○五官致貢曰享　未詳，姑從舊說。

○於外曰公　在國外而自人稱之之辭。國外兼畿外言之。注獨舉畿內，恐不然。

○未及期相見　是已為定期，適有事先其期而相見也。

○自稱於諸侯曰寡小君　未詳。

呂大臨曰臣下稱諸異邦之辭。　義疏曰擯使

將命之辭。

○使者自稱曰某、　疏以為玉藻所謂大夫私事使。方慤以為大夫遣其臣使于諸侯。方慤似勝。

○醫不三世不服其藥。　是臣子所以為其君親盡心致慎也。其他則未必然。

○問國君之年　此節與少儀不同。蓋記者存異聞耳。義疏以為互言。恐未然。

○能御
幼則未能。
集註。御謂御車也。御者六藝之一。

○典謁　呂大臨曰。士有隸子弟。則士之子將命典謁。其職也。

○祭五祀　鄭以為此殷時制。引祭法以為證。然周官記天子之制。有五祀而無七祀。其他經傳亦未之見。則祭法是記異代制者歟。未足據信耳。古人多疑祭法。良有故哉。

○歲備　總上數事而言之。

○祭必告於宗子　呂大臨詳。

○覇音　義疏是。

○羹獻　項安世陳澔皆是。

○脡祭 集註。脡直也。魚之鮮者。不餒敗。則挺然而直。

○薌合薌萁、又曰。黍熟則黏聚不散其氣不散又香。故曰薌合。粱穀之強者。其莖葉亦香。故曰薌萁。

○明粢 義疏是。

○量幣 集註。中廣狹長短之度也。

○崩 土壞曰崩。

○在棺曰柩 呂大臨是。

○四足曰漬 漬字未詳。

○夫曰皇辟　或曰皇大也辟君也

○天子視不上於袷云云　義疏以為兼天子及國君大夫士視人之法此說為穩蓋凡視人高則敖卑則憂傾則姦故雖天子其視必有節也

○衡視　衡與上奉天子之器則上衡之衡同

○君命大夫云云　或曰此自為一節不與下文相涉君命大夫句與士肄句蓋言君命大夫以使者若祭祀之類凡大事則預與士

肄習其事也。

○大饗不問卜　方慤是。

○野外軍中無摯　無摯下當加一則字而看也。蓋言野外及軍中而相遇適無摯，則以纓拾矢之類亦可也。

○曰備百姓　或曰。百姓猶曰百官也。從子曰。備百姓者。嬪婦妻妾之數。呂大臨亦此意。

檀弓上

○檀弓免焉　義疏亦一說。然本文特言免。

則鄭亦不為無理。

○舍其孫而立其子　檀弓。蓋見上文立長。

位而知之也。

○斂喪　言極哀戚之情。

○有犯而無隱　無隱言對君無敢隱其過失也。註似誤。

○方喪　言居喪如制也。

○合葬非古　馬晞孟、劉彝有確論。

○子上之母死云云　此章子思之所為，似可疑者，是或記者傳聞之誤耳。

○子之先君子　先君子。疏以爲孔子。義疏以、爲孔子無出妻之事。先君子非斥孔子。泛然言之。未知孰是。

○拜而后稽顙　陳祥道是。

△下篇曰。拜稽顙。哀戚之至隱也。則此蓋周之制也。稽顙而后拜者。蓋殷之礼也。稽顙與稽首同。蓋因吉凶異其名耳。

○古不脩墓　集註。流涕者。自傷不脩古禮之於封築之時。且言古人所以不脩墓者。敬謹之至。無事於脩也。　或曰。脩墓與易墓同義。孔子居喪，易為感，是因其失。古制亦流弊已，未知與陳澔孰是。

○朋友之墓有宿草云云

方慤曰：朋友相親猶兄弟，墓有宿草則期年矣，是以兄弟之義喪之也。

○亡則弔之云云　鄭以亡字屬上，非。

○無一朝之憂（患）　終身哀慕父母是。以不為惡所以無一朝之憂（患）也。

○孔子少孤云云　此節陳皓論辨極確。

○其慎也　未詳。

○大事斂　陳祥道引左傳及祭義以大事斂為祭喪二事亦一説

○布幕衛也云云　二句自一節諸家屬上解之未安注以為魯天子禮言之者僭已久矣恐不然此唯言有魯衛之異耳

縿幕未詳幕即下文所云楮幕丹質之幕

○馬驚敗績　義疏引呂氏以績字為衍未安或曰此時魯初敗績因二人死敵魯終得勝之或曰記者有傳聞之異也

○末之卜也　義疏近是

○夫子之病革矣　或曰革變革之革

○充〻　充塞貌於此時孝子之心充塞憂懣至大祥而後始情意廓然也

○瞿〻　與詩所謂狂夫瞿〻義同

○皇〻　孔疏是　此節與下篇所云不同方慤辨之近是

○邾婁　婁邾之餘聲猶越加于於呼之邾越俗夷故有此辞

○復之以矢　蓋以所有也孔疏似鑿

○蓋榛以為笄　是因孔子言附錄笄總之

制也。疏以為孔子誨之之辞，恐非。此云蓋者，記者不决之辞。

○孟獻子禫　祥禫之說，諸家紛然，雖一定。士虞禮中月而禫，言祥後間一月。下文曰是月禫。是二者其義不合。王肅以為中月猶曰月中。然於辞似未安。蓋亦記者有異聞歟。或曰，中月，其中田中道中谷同語例，當從王肅。若然，則諸說不悖。

○有子蓋既祥　集註合上為一節，是矣。

○十日而成笙歌　喪事卜日，先遠日，則多

當在下旬，故孔子之祥亦在下旬，故十日則既為踰月，祥禫盖相接為之，不必隔多日，猶三虞之哭、卒哭與。

○畏　曾子曰：戰陳無勇，非孝也。

○厭　孟子曰：知命者不立於巖牆之下。

○溺　馮河而死也。　方愨曰：三者皆非正命，故先王制禮，在所不弔。

○比及五世　大公葬于周，理或然矣。然至五世猶反葬之，似無理，故義疏疑之。今姑據本文解之已。

〇禮不忘其本　如祭祀尊祖先。亦其類也。

〇仁也　是記者斷叉葬之事。

〇伯魚之母死　疏以為出母。義疏引素王事記。為非出母。恐未然。

〇舜葬於蒼梧之野　義疏疑此節。然尚書家語。俱言其陟方岳而死。史記亦云舜南巡崩。祭法曰。舜勤民事而野死。由此觀之。則此葬於蒼梧之野。亦不為無其理。曰征有苗而死者。蓋誤矣。　〇孟子所云。要亦其間耳。

○三妃　三〻蓋二之訛。

○曾子之喪云〻　是記禮之失也。王安石

駁鄭者當矣。

○中祥之哭言思也亦然　因上文推之則中
祥之所為也亦似合禮。此二者言雖無服者亦
猶為位哭之之義以証小功不為位之非也。
馬晞孟以中祥之所為。為非禮。未知果是。

○縮縫衡縫　陳祥道詳。

○非古也　古制吉凶冠皆縮縫。周制吉凶
冠皆衡縫。而時人獨喪冠縮縫以反吉冠。

是失古制之意也。非古之古，兼上文古今言之。

○攝束帛乘馬　攝如字，言攝孔氏之使。

○不誠　誠字義，物氏盡之，詳于辨名。

○兄弟吾哭諸廟　此與雜記奔喪不合，故疏以為殷制，恐未然，是亦異聞耳。

○哭諸野　吳澄詳。

○於寢則已重　寢言寢門外，略文耳。

○以為蓋桂之謂也　陳澔曰：曾子稱禮書之言，而自釋之。

○夜晝夜居於內　外○外寢○內○內寢○家語孔子適季康子之事○可征○

○不以邊坐　喪者專席而坐○邊坐則其貌不正也○

○過於一哀而出涕　或曰○過○猶偈也○言孔子一哀而出涕也○　○家語無於字○

○予惡夫涕之○無從也　言徒出涕而無物之從之也○　○家語○作惡夫涕而無以將之○

○梁木其壞　家語○其壞下有則吾將安仗吾字○蓋脫之○

○殆將病也　不曰死者。諱之也。

○與賓主夾之也。　或曰。是神之也。故不在主位。亦不在客位。

○若喪父而無服　卯濬詳。注。弔服而加麻。未知何據。此曰無服。下文曰經而出。則蓋唯加麻而無服耳。

○飾棺　目下事。

○牆置翣設披周也　此二事。是周禮也。牆字旧讀屬上。非也。

○綢練設旐夏也　家語曰。殷用三王禮。所

以尊師且備古也○

○殷士也　或曰猶曰殷士礼也○檀弓文奇故省礼字○

○群居則絰　或曰群居連讀○言朋友○

○易墓　易○如易耨之易○鄭注為是○

○填池　陸佃近是○

○襲裘而弔　曰襲裘亦曰裼裘○裘蓋袒上衣則見裘○襲之則掩裘○與上衣上則加朝服之類者可知矣○　○大夫以上有弔服士卑無弔服○唯吉服加絰已矣○裘玄冠不以弔○蓋言大

夫也。或曰吉事尚黑凶事尚素。黑裘玄冠純黑。故不以之弔也。他服則不必然。

○子夏既除喪而見　此節與家語文異。未知孰是。

○敢不復位　復。復適子之位也。

○將軍文子之喪云云　此節集註悉。

○經也者實也　一句恐他文之攙入。

○子柳　註非。義疏辨之。

○謀人之軍云云　應鏞是。軍師互文。邦邑亦然。○亡亦死也。注誤。

○援請前　學佺請前者爲前驅茇除艸木之意。亦一說。

○舉者出尸出户　義疏本尸作户。且句絶。或曰出户重複。蓋衍其一。亦一說。

○子游曰知禮　反言譏之。義當與家語併見。　或曰既小斂舉者出户。武叔於是乎袒括髮。禮之正也。世人有不然者。故子游美其知禮也。亦一說。

○從母之夫云云　義疏報服之説是。

○故騷騷爾則野云云　騷騷言喪事。閙閙。

言吉事。

○其貨也　貨。言好貨也。猶左氏畀用賄守。

○哭諸縣氏　方慤明悉。

○公叔木有同母異父之昆弟死　義疏論辨有確據。

○子思之母死於衛　吳澄近是。○按喪服有出母之服而無嫁母之服。豈嫁母義同出母乎。

○上下　疏詳。　又吏蔚曰。上下猶尊卑也。

正尊周禮猶不降則知所降者旁尊也○

○爲孟皮齊衰　兄弟而有二孟且既曰孟而又曰叔父皆未知何故或殷制不可以周制律之與疏以爲二孟一則爲滕伯之叔父一則爲滕伯之姪恐非○

○夫婦方亂　集註以哭位未定也○

○小斂之奠於西方也云云　三句疏以爲記者之言○

○羔裘玄冠　蓋大夫之朝服○

○還葬　還猶速也○如子之還今之還○家

語還作旋

○讀賵　吳澄詳

○賓客至　此章蓋有脫誤當就家語正之

○聖人之葬人與　句絶與平聲助語

○藏焉　疏不欲令人見故藏焉此說得之

○復楔齒　以下六事相繼為之其節無間斷故曰並作

○小祖大祖　小祖對大祖之辭言親廟

○衰不剡奠也與　此一節文義不明

○練練衣　或曰小祥謂之練則至此時蓋

脫斬衰而服練衣練冠。練亦布也。

○祛裼之　或曰。至用布祛之。裘則裼之而為文可也。

○四重　水牛革一。兕牛革一。此為一重。杝棺一。梓棺二。凡五物四重。

○被之　被尸上也。

○爵弁絰紂衣　爵字疑衍。周禮王弔諸侯弁絰緦衰。蓋哭比於弔為輕焉。故此不用緦衰而緇衣加弁絰。已爵弁紂衣是純吉之服。雖不親臨尸。恐不然矣。義疏以為紂衣即緦衰也。亦恐不然。

○蔽塗龍輴　竪蔽衆小木。而塗其外也。

○誄孔丘云云　誄字。末子是。　注尼父因其字以爲之謚。卤莽甚。當删之。

○惡野哭者　方戆是。

○不敢稅人　稅字不他見。此前後皆記死喪之事。則蓋亦以賻賵之類。遺人之名也。○仕則有已祿。故可以稅人。

作者及版本

海保漁村(一七九八—一八六六),名元備,字純卿及卿老,通稱章之助,號漁村及傳經廬。生於上總國武射郡北清水村(即現在的千葉縣山武郡横芝町)。幼年由乃父教授經書。文政四年(一八二一)入江户太田錦成學門。於天保元年(一八三〇)開設私塾,教授門弟。安政四年(一八五七)爲幕府醫學館直舍儒學教授。受清朝考據學影響很深,對中國經典的注釋頗有研究。著述甚豐,除了《周易古占法》以外,還有《傳經廬文鈔》《漁村文話》等。

《周易古占法》爲四孔線裝和式刻本。書高二十七厘米,共兩册。第一册封面題簽爲「周易古占法卷一、卷二」,第二册爲「周易古占法卷三、卷四」。内封印有「天保庚子春開雕　周易古占法　傳經書屋藏板」字樣。正文前有作者于天保十一年(一八四〇)寫的《周易古占法題辭》及《周易古占法目録》。第一册從《序例》第一開始,到《辯朱子占法》第九爲止。第二册《從揲蓍解》第十開始,到《畫圖翼》第十三爲止,最後附有簡短跋文。正文每頁十行,每行二十一個字,注文每行兩列小字書寫,字體細小,但清晰易認,無蟲蛀,便於閱讀。

小池貞景（一八一〇—一八七九），通稱丈吉。出生於常陸即現在的茨城縣。爲著名儒家學者平田篤胤門生。明治二年（一八六九）爲大學校助教，後供職於京都大原神社權宮司職。除了《周義便覽》以外，還編撰《神代全書》及《古事記講本》等著作。

《周易便覽》爲五孔線裝和式寫本。書高二十七厘米，共一册。深藍色封面，封面題簽「周易便覽」。正文前無序文。正文每頁八行，每行二十個字，天頭有注，字跡清晰。無目録，收易學由來第一，易道第二，天地乾坤第三，易道名目第四，八卦方位第五，筮法第六，八卦活用第七，六十四卦第八。本書字跡清晰，少蟲蛀，便於閱讀。